格差と不平等を乗り越える

教育事始

外川《Togawa》 正明《Masaaki》

解放出版社

装丁・装画・扉イラスト●いのうえ しんぢ

はじめに

「起き上がり小法師《こぼし》」という玩具をご存じと思います。福島県会津《あいづ》地方の郷土玩具で、転んでも転んでも再び体を起こすことから、「七転八起《ななころびやおき》」の縁起物として有名です。聞くところによると、藩財政の悪化で役《やく》*1を与えられず、禄《ろく》（報酬）もないため、生活に困窮した下級武士たちに、会津藩主が内職としてつくらせ販売させたのが、始まりとされています。

国連NGO横浜《よこはま》国際人権センター機関紙「語る・かたる・トーク」編集部より、本書のもととなる連載の機会を与えられたのは二〇一二年、東日本大震災からまもなく一年が経《た》とうとするときでした。尊い生命と財産と生活と思い出と……、すべてを奪い去った筆舌に尽くしがたいあの大震災から、郷土の「起き上がり小法師」のように、復興へと進んでこられた被災者おひとりおひとりの一年は、いかほどだったろうと思いをはせていました。

しかし、あれからまもなく一〇年が経とうというのに、起きあがろうにも頭を押さえつけられ、身動きできない人たち、とくに福島原発が引き起こした事態は、立ち上がろうとする人々を右へ左へと振り回しつづけて、今日にいたっています。

「人の命」を守るために私たちは何をすべきか、根底に戻って考えることが求められていま す。なぜなら、大震災が起こったとき、原発事故が発生したとき、何よりも真っ先にとりくむべき「人権の視点」を、この社会はもう三〇年近く前から失ってきたのではないかと思うからです。

一五〇年、一〇〇年、そして二〇年

私は、小学校教員として、また教育行政に携《たずさ》わる一員として、さらに大学での教職課程の教員として、教育実践にとりくんできました。その原点は、学生時代の被差別部落の人々との出《で》逢《あ》いにあります。今日までその方々とつながりつづけながら教えていただいた「解放教育」を、「教育の立場」の人間として少しでも実践することができたらと思い、またそれを検証軸に考え、行動してきたつもりでした。

そんな私の教職人生も、ひと区切りです。「被差別の立場におかれた方たちから教えていただいたこと」「子どもたちから厳しい指摘を含めて教えてもらったこと」「手ひどい失敗のなかから私自身が学んだこと」を語ることで、私があこがれ、指針としてきた「解放教育」が提起してきたものを、次世代の方々に少しでも継承していただく努力をすべきでは、と思うようになりました。

「賤民《せんみん》廃止令」（解放令）から一五〇年が経ち、そして二〇二二年は「全国水平社創立」から一〇〇年です。一五〇年経っても、一〇〇年経っても、いまだに「部落差別が現存する」ことを痛切にふり返らなければなりません。とりわけ、二〇〇二年の「同和対策事業の打ち切り」と密接にかかわって進行したこの二〇年が、教育をどのように変節させてしまったのか、当事者として厳しく総括しなければならないと感じています。

小法師が引き受けたもの

さて、冒頭に紹介した「起き上がり小法師」は、正月の縁起物であるため、一年間神棚に飾ったあと、お札《ふだ》と同じく年末にお炊《た》き上げし、新年に新しいものを購入するのが習わしです。それが毎年の需要を生み出すことになり、収入のなかった下級武士に生活の糧《かて》を与えました。つまり、「困窮者支援」のシステムでもあったのです。しかし、なぜ「小法師」という呼び名がつけられたのでしょうか。

「小法師」のもともとの意味は、若い僧侶を指す言葉ですが、中世から近世にかけては、禁裏《きんり》（御所《ごしょ》）の掃除役として、庭園の清掃、植樹や庭木の手入れを中心に、生じたケガレに対するキヨメ役を担わされた「御庭者《おにわもの》」や「河原者《かわらもの》」とも呼ばれた被差別身分の人々をしめして用いられていました。

神棚に供えられた「起き上がり小法師」は、その家に起こった一年間の災いをすべて引き受けてくれて、年末に去っていく、そんな存在だったのではないかと私は思います。

引き起こした事態の責任をすべて引き受けることなど到底できませんが、二〇一二年から七年間、八〇回にわたり綴《つづ》らせていただいた連載を、本書にまとめて刊行する機会を与えられたことを、あらためて自身の「教職人生」の総括として受け止めさせていただきたいと思います。科学を学ぶことの大切さを知らしめた杉田玄白《すぎたげんぱく》の著作には遠く及びませんが、私の拙文《せつぶん》が、諸先輩が築いてこられた「教育の営み」を次世代の方々に少しでも継承し、発展させていただくきっかけにでもなればという思いで、表記のタイトルとしました。忌憚《きたん》ないご意見、ご批判をいただければ幸いです。

＊1　役　徳川幕藩体制のもと、各身分にふり当てられ、武士身分には軍役・行政役が賦課された。

格差と不平等を乗り越える　教育事始◉目次

はじめに

Part 5

道徳教育と人権教育 あなたの実践はどっち？

Part 1

お兄ちゃん先生と呼ばれて

新採教員の教育実践

新採二日目に知ったランドセルのなか

新卒採用教員として

一九七八年四月、私は新採教員として小学校五年生の子どもたちを担任することになりました。クラス三四人のうち、被差別部落の子どもが八人、在日コリアンの子どもが二人、両親共にいない子どもが二人、生活保護、就学援助を受給している子どもは計一八人と、クラスの半数以上がさまざまな「しんどい立場」「厳しい状況」におかれている子どもたちでした。

四月八日、その日はまず着任式。新たに赴任した先生が紹介されます。二年生から六年生までの子どもたちの視線が一斉に注がれる講堂の壇上で、私は自分が何をあいさつしたのか、まったく覚えていません。引き続く始業式では、校長先生から担任発表がなされます。次々と紹介される先生に子どもたちから大きな声が上がります。

そして私の番、「五年い組は、外川《とがわ》先生」の紹介に、どよめきとも驚きともいえない声が上がりました。

その日は一年生の入学式で五年生までは下校、翌日からやっと担任クラスの子どもたちと過ごせる日ですが、午後からは職員会議、三時間目と四時間目は大掃除に教科書配布と、実質は二時間しかありません。

朝、教室で子どもたちを待ち受け、まずは自己紹介。四年生からクラス替えとなった子どもたちにも自己紹介を求め、あらかじめ決めた生活班と座席を確認していると、あっという間に中間休みです。「休み時間は子どもたちと遊ぶ」と決めていた私は、真っ先に運動場に駆け出し、ドッジボールを楽しみ、大掃除の準備に一足早く職員室に戻りました。

そこにマサオが、「先生、こんなことされた」と真っ白なウインドブレーカーを持って入ってきたのです。

見ると、ブレーカーの背中に、赤のチョークで大きく「アホ」と書かれています。「何にもしてないのに、休み時間にユミコが書いた」とのこと。マサオを連れて、すぐ教室に向かい、ユミコに確かめます。ところが、ユミコはひと言も話しません。すでに全校大掃除が始まっています。私は、放課後に話を聞くので残るようにと告げ、二人に大掃除に向かうようながしました。

涙を流したユミコ

一二時過ぎ、ほかの子どもたちを帰して、あらためて二人に話を聞きます。マサオは、何もしていないのに書かれたと憤慨《ふんがい》しています。ユミコに「あなたが書いたのか？」「あなたが書くのを見たという人がいる」「書いた理由があるはずだから話しなさい」と尋ねます。しかし、何をいおうと、ユミコは黙りこくったまま、時間はどんどん過ぎていきます。

午後一時からの職員会議が気になる私は焦りだし、「黙っているのは卑怯《ひきょう》」「言いたいことがあるなら言いなさい」、しだいに声が荒くなっていきます。と、突然ユミコがぽろぽろと涙を流し出したのです。それを見た私は、「悪かったと思たんやな、あやまり」とユミコの頭を右手で下げさせ、マサオに「泣いてあやまったはるから許したげてね」といって、ウインドブレーカーを預かったまま、二人を帰し、急いで職員会議に向かいました。

ユミコが学校に背負って来ていたもの

夕方、会議が終わり、職員室に戻った学年主任が、私の机の上のウインドブレーカーを見て事情を聞くや、すぐに「まずはユミコの家に行って来い」と、概要を説明されました。

私はさっそく、ユミコの家に向かいましたが留守、教えられて行った先は、公園の角にある屋台のたこ焼き屋でした。ユミコの家庭は、お父さんが病気で入院され、生活保護を受けておられました。しかし、それだけではと、お母さんは知人に屋台を借りて仕事をしておられたのです。でも、それが公《おおやけ》になれば生活保護は打ち切られますから、屋台の仕事のことは、校内でも一部の教職員しか知らないことでした。ところが、その屋台の真ん前は、そろばんと学習を教える大きな塾。ユミコの店の主な客は、その塾に通う同じ学校の子どもたちだったのです。ユミコは放課後、お母さんとたこ焼きを焼き、夜は家で翌日の仕込みをしていたのです。

私を見つけたユミコは、目を伏せました。私がお母さんに「今度、ユミコさんの担任になりました」と話しかけると、「あっ先生ですか、この子は気が強いからいろいろ迷惑かけますけど、よろしくお願いします。いますぐ焼けますから食べていってください」と返してくださいました。「いえいえ、ちょっとユミコさんと話がしたくて」といって、公園の隅でユミコに「（マサオに）なんて言われたんや？」と声をかけました。ユミコは、小さな声で「タコヤキヤ」と初めて私に答えてくれたのです。四年生まで幾度もいわれて悔しい思いをしてきたなかで、五年生になってクラスが替われば、と思っていた初日にこの言葉をいわれたユミコは、たまらず「アホ」と書いたのでした。その思いも受け止められず叱《しか》りつける私に、ユミコが流した涙は、絶望に満ちた悔し涙でした。にもかかわらず、私はこの手で無理やり、ユミコの頭を下げさせたのです。悔しく、情けなく、申し訳なく、ただ「ごめんな」をくり返し、学校に戻りました。

落ち込む私に、私の帰りを待っていてくれた学年主任の先生が、こういわれました。

「四〇人の子どもは、同じ教科書だけをランドセルに詰めて来ているんじゃない。それぞれ四〇の生活を詰め込んで、それを背負って学校に来ているんや。今日はいい勉強したな……」

これが、私の教員としての出発でした。

勉強に負けない子どもを

「解放教育とは、差別を見抜き、差別を許さず、差別と闘う子どもを育てる営み」であるといわれます。そのことを私は字面《じづら》でしか理解していませんでした。

新採教員となって二日目に大切な学びをしたはずなのに、厳しい条件におかれた五年生の子どもたちを前にして、「テストの点で表される力なんて意味がない。教科書に書かれていることを勉強するより、とにかく社会の矛盾に気づき、仲間を大切にし合うクラスを創ること」と考え、毎朝一時間目は今日のニュースについて話し合って終わり、いざ授業が始まっても、何かもめごとが起きると、「こんな状態で勉強なんてできない。いまから学級会」といって徹底的に話し合う。「仲間づくりこそが大事だから」と授業もいい加減。宿題もしっかりと確認しない、そんな教員でした。

とくに、当時の土曜の午後は本当にのんびりしていて、残って学級園を耕していると「先生、手伝うわ」、遊具のペンキ塗りをしていると「やらせて」と、子どもたちがやってくるので、毎週のようにいっしょに過ごしていました。いまも同窓会で話題になるのは、女の子たちが釣りに行きたいといい出したので、男の子たちに釣り道具を持ってこさせて、みんなで自転車に乗って桂川《かつらがわ》に釣りに行ったことです。

当時は、女の子が釣りをすることなんてありませんでしたから、少し釣り気分を味わえたらと思っていたら、何と五〇センチもある鯉《こい》を釣ったのです。水面ではねる鯉を前にして、掬《すく》い網も、魚籠《びく》もありません。「先生、どうしよう」という子どもに、私は「飛び込んで、着ている体操服でくるんで」といって鯉をすくい上げ、そのまま自転車の前かごに入れると、意気揚々と引き返し、学校の池に放して、大喜びして帰りました。

ところが、月曜日の朝、池のまわりが大騒ぎです。なんとその鯉が寄生虫を持っていたため、池の魚がたくさん浮かんでいたのです。「先生、野生の鯉は、まず別の水槽で十分消毒しないとダメですよ」と叱られ、池の大掃除をするという顛末《てんまつ》でした。ことほど左様に、子どもたちには大人気のお兄ちゃん先生で、私はいい気になっていました。

如実に表れた学力格差

ところが、当時の京都では、被差別部落の子どもたちの学力保障のために、その把握がしっかり行われていましたから、学期末になると学年全体の学習成績が集計されました。

四年生から五年生に上がるときにはクラス替えがあり、学力的にもさまざまな面でも、ほぼ均等になるように子どもたちが分けられています。ですから、私の受け持つクラスの被差別部落の子どもたちのなかにも、一〇段階相対評価であれば、九や八段階にいた子どももいたのです。ところが、その子たちが、七や六どころか五や四まで落ちていました。当然です、私はまともに授業をしていないのですから……。

でも、不思議なことに、クラス全体の平均点は隣のクラスと変わらないのです。なぜなら、部落外の保護者は、「外川先生はおもしろい先生で、うちの子どもが好きやと言うてるからそれでいい。でも、勉強はまかせといたらとんでもないことになる」と、経済力や教育力のある家庭は塾に行かせる。あるいはドリルを買ってやらせておられたのです。

その一方、当時の被差別部落の保護者は、中学校はもちろん小学校さえ満足に通うことができなかった生い立ちのなかで、悩みながら子育てをされていましたから、私に「先生、頼むで、字しっかり教えたってや。世の中に出て恥かかんようにしたってや」といってくださっていました。その期待を、私はみごとに裏切っていたのでした。

学力と、差別と闘う力と

そのとき心配して声をかけてくれたのは、これまでともに解放運動にとりくんで、いまは保護者となっている青年でした。

「クラスの子どもの成績が伸びてないそうやないか、どうしたんや？」

その言葉に、私はこういい返しました。

「成績といってもテストの点だけのことで、差別と闘う力とはちがう」

すると彼は、本当に悲しそうな顔をして、こういったのです。

「おれは、いっしょにやってきたおまえが教師になることに期待してたのに、勘違いしているのとちがうか。どんな会社に勤めても書類を書かなあかん。新しい機械が入って新しい製品をつくるには、それを勉強しないかん。解放運動もそうや。差別する人間に『おらっ』と言うてるだけでは解決できん。差別する人間をきちっと説得する力がなかったらあかん。そやから、親たちが識字学級で一生懸命勉強しているのをおまえは知ってるやないか。そうやって、人間一生勉強やのに、おまえのクラスの子はどうや。小学校ですでに勉強なんかどうでもええと、勉強から逃げてるやないか。おれたちはなにも勉強で人と競争して勝てと言うてるのとはちがう。『勉強そのものに負けない子を育ててくれ』と言うてるのや」

彼のこの言葉が、私と同和教育との出会い直しでした。

「学力」のとらえ方に悩む日々

「解放の学力」とは

「勉強に負けない子を」といわれた私が、教育の役割は何かを考えて得た結論、それは、「『学力』とは、この世の中を主体的に生きていくための武器である」ということです。読者のみなさんには、「えっ?」と思われた方もいらしたのではないでしょうか。

一九七〇年代、同和教育実践のなかでは、「受験の学力か、解放の学力か」という問い直しが行われました。その背景には、一九六六年の中教審答申「期待される人間像*1」がしめした「高度経済成長を支える人材」を輩出するために、当時の文部省が「教育内容の高度化」と「愛国心・遵法精神の育成」を軸にした教育を推し進めたことがあります。

これに対してなされたのは、「権力に従順な子を育て、高校に進学させることが教育なのか?」という提起です。それは、部落差別が厳然と存在する社会で、高校や大学を卒業しても、卑屈になって自分を隠したり、差別に直面して、みずから命を断つまでにいたる子どもたちの現実を前に、「いったいどのような子どもを育てるのか」という問いかけでした。

そのなかから、「科学的認識」「社会的立場の自覚」「集団主義の思想」という大きく三つの要素からなる「解放の学力」の概念が提示されたのです。それぞれの言葉の辞書的意味では「なるほど」と思うものの、いざ具体的な教育実践として進めるにはどうすればよいのか、教員になったばかりの私には、整理できませんでした。

とくに、「科学的認識」を獲得させるといわれても、まず、「教科書の内容をしっかりと理解させる」「学習の目標に到達させる」という日々の授業を大切にすることが必要です。そうでなければ、「勉強わからん」という子どもは、「勉強なんか嫌い、意味ない」として、「荒れていく」かたちで「勉強に負けていく」現実がありましたし、まだまだ大きな学力格差があったなかで、担任した被差別部落の子どもたちには、高校にはもちろん、大学にも進学させたいという強い思いが、私にはありました。

「学力ってどう考えたらいいのか」……当時の雑誌『解放教育』に掲載された中村拡三《なかむらこうぞう》[*2]さんや横田三郎《よこたさぶろう》さんの論稿を読んでも、わかったようでわからない。ましてや、戦後の学力論争の中心であった広岡亮蔵《ひろおかりょうぞう》さんや勝田守一《かったしゅいち》さんといった教育学者[*3]の本を読んでも、遠い概念世界の話。私は、毎日の毎時間のこの教科のこの授業が、子どもたちにとってどんな意味があるのかに確信をもちたいと思いました。

字を知ったら景色が違って見える

そんな私に気づきをもたらしたのが、義務教育を受けられなかった被差別部落の方々が、文字を奪い返そうと学んでおられた「識字学級」での言葉でした。

「先週、教えてもらったあの漢字、あそこの看板に書いてあったで」

「看板の字が読めるようになったら、何か世の中の景色が変わって見えるわ」

「うちら、何も知らんと生きてきたんやなあ」

こうした言葉を、厳しい差別を受けて苦労してこられたとだけ受け止め、聞き流していた私でしたが、あるとき、この言葉が担任する子どもたちの姿と結びついたのです。

「そうなんだ！　学ぶということは、世の中を正しく知るということであり、世界を自分のものにするということなんだ！」

「科学的認識」を獲得するという意味が、なんだか自分なりにすとんと落ちた気がしました。むずかしい語句を並べて「学力とはなんぞや」を論じるより、「やっぱり学力は大切」といいきればよい。そう思ったのでした。

学力の獲得は山登りのようなもの

以来、乱暴な言い方に聞こえるかもしれませんが、子どもたちや保護者に私は、次のように語ってきました。

学力は、やはり高く高く積みたいです。それは、中学より高校へ行ったら多くの仕事が選べるとか、大学に行けばよい条件の仕事に就けるという意味ではなく、山登りと同じです。山の麓《ふもと》にいたら、ほんの近くの景色しか見えません。少し登っていくといろいろなものが見えてきます。もっと高く登れば登るほど、「あそこにあんなものがある」「ここにこんなものがある」とわかってきます。すると「あそこに行ってみたい」という思いが出てきて、「そこに行くためには」とさらに高く登っていく。登った地点から見ると、「こういう道がある、ああいう道もある」ということがわかってきます。ところが、麓にいるだけでは、どこに何があるのかもわからないまま、言われるがままに右往左往することになってしまいます。

私が「学力とは、世の中を主体的に生きるための武器である」というようになったのは、こうした経過からでした。

そしていま、まさにこの意味で社会の動きを把握し、そのなかを主体的に生きるための学力を真に身に付けてきたかが問われているのは、実は私たち大人ではないかと思っています。

しんどい子どもに焦点をあてる授業とは——初めての公開授業

「科学的認識」「社会的立場の自覚」「集団主義の思想」という三つの要素からなる「解放の学力」をめざすなら、どのような教育実践が求められるのか。ここから、多くの先輩や保護者の方々、そして子どもたちから私が教えられてきたことを紹介します。

同和教育実践においては、「被差別部落の子どもを核にした学級」「しんどい立場の子どもに焦点をあてた授業」といった言葉が語られてきました。私がこうした言葉と出会ったのは、新採一年目の夏のことでした。

当時、私が勤務していた小学校は、文部省の「体力づくり研究指定」を受けていたのですが、一学期、まともに授業を進めることもできていなかった私に、学校長は、秋に開催される全国研究発表会での公開授業を求めてこられたのです。全国発表とは何かも知らない私でしたが、少しでも学ぶことができたらという思いで、「跳び箱」の授業公開を引き受けました。まさか当日、体育館の壁面にぎっしり並ばれるほど、多くの教職員や教育関係者が来られるなど夢にも思っていませんでしたから、子どもたちより、私がいちばん驚き、緊張することになりましたが……。

授業で子どもと勝負する？

公開授業の準備として、「まず、自分なりに学習指導案を書いてくるように」といわれたのは、夏休みに入ってすぐのことでした。私は、教育実習で学んだことを思い出しながら、跳び箱についての教材観を書き、児童観として「クラスの子どもたちは、男子も女子も、元気で活発で仲良く運動も大好きである。自分の意見は意欲的に発表するが、他の人の意見に重ねて話し合うまでにいたっていない」といったことを書いて、検討会に持っていきました。

ところが、一読した先輩の先生方からいきなり、「バカもん。あんたは何を書いてきたのや。子どもは元気で活発で明るい、そんなもの、全国の子どももみんなそうや。そんなことを指導案に書いて何の意味があるのや」と、ぼろかすにいわれてしまいました。さらに続けて、「あんたは、この授業を通して自分のクラスをどうしたいのや？　いったいだれと勝負しようと思っているのや？」といわれたのです。「授業でクラスを変える」？　「授業で子どもと勝負する」？　何のことかまったくわからずポカンとする私に、容赦なく質問が続きます。

「跳び箱とは、どんな運動や？」

この質問には自信がありました。教材研究を通して調べていましたから、私は間髪《かんぱつ》を入れず答えました。

「跳び箱は、克服の運動です」

すると今度は、こう問い返されたのです。

「そうやな、克服の運動やな。それで、何を克服するのや?」

克服するのは何か

「跳び箱は克服の運動」と答えて、「何を克服するの?」と問い返されたら、みなさんならどう答えますか? 当然「跳び箱です」と答えるしかないですね。私もそう答えました。するとまたもや、「バカもの、克服するのは跳び箱やない」と叱られたのです。

「クラスには、四段の跳び箱の前まで走っていっても、そこでピタッと足が止まってしまう子どもがいるのとちがうか。自分は跳べないとあきらめてしまっている子どもがいるのとちがうか。そんな子どもたちが一歩踏み出して、自分の心を克服するのが跳び箱の授業や。何も六段の跳び箱を全員が跳べるようにすることが目標じゃない。むしろ、六段の跳び箱を軽々と跳んで、もうやることないと思っている子どもには、もっと高く遠くきれいに跳べるようになろうという思いがもてるように、自分がいま越えられていない課題を克服していく、それがこの跳び箱という運動の特性やないか。そうしたらいま、四段の跳び箱に何とか跳ぼうと挑ませたい子はどの子や。あんたのクラスのなかで、もう一歩踏み出させたい子どもはだれや。その子が一歩踏み出したら、クラスは必ず変わる。そんな勝負したい子どものことをしっかりととらえて、跳び箱の授業の指導案を書き直してこい」

この言葉を聞いて、私の頭に真っ先に浮かんだのは、アッコの姿でした。決して、人ともめ事を起こすこともなく、いつもにこにこ楽しそうに学校生活を送っていますが、人の前に出て率先してとりくむこともなく、「やってみるか?」と声をかけても、「いいわ」と答える。家庭訪問をしても、「兄妹のなかでも、この子はおとなしくて本当に手がかからなくて、よく言うことを聞いてくれます」という言葉が保護者から返ってくる。これまでの体育の授業でも、いつも人の後についていく、そんな子でした。そのアッコが四段の、いや六段の跳び箱をパーンと跳び越したら、どんな表情を見せてくれるだろう。その姿を見た子どもたちはどんな言葉を発するだろう。

「しんどい立場の子どもに焦点をあてた授業」とは、その教材や題材からもっとも遠い位置にいる子どもが、どのような工夫をすれば目標に到達できるかという観点から授業を組み立てることなのだ、と教えられたのでした。

「先生、メイシンってなに？」

しかし、たった一度の授業だけでは、そのことの意味を理解できていなかったことが、次の公開授業で、はっきりと露呈《ろてい》しました。

同じ年度の三学期、今度は、市内の教職員を対象とした社会科の研究会で公開授業をするように声がかかり、前回の研究授業を通して、学べることなら何でも学びたいと思っていた私は、率先してそれを引き受けました。単元は「産業と交通の発達」。戦後、鉄道輸送からトラック輸送へと比重が移っていくようすを、高速道路の整備と重ねながら、子どもたちと考えるという内容の授業でした。

私が赴任していた小学校のすぐ北側には、名神《めいしん》高速道路が通っています。いまはずいぶん防音壁が高くなっていますが、当時は、校舎の四階の窓から、走り去るトラックやバスの屋根が見えたものでした。私は、鉄道輸送量とトラック輸送量の変化のグラフと、高速道路の整備状況をしめす年表を資料に、この授業を進めていきました。

参観者の声に有頂天

まずは、鉄道輸送とトラック輸送のそれぞれの特徴を出し合っていきます。子どもたちは、「鉄道は、大量の荷物を一気に速いスピードで運ぶことができる。トラックは少しずつしか運べない」ということから、「でも、昔は鉄道輸送が多かったのに、いまはトラック輸送のほうが多いのはどうしてだろう?」という学習課題を立て、年表資料で高速道路網の整備状況を見つけ出し、自分たちの生活圏にある名神高速道路を例にあげて、どんどん話し合いを深めていきます。

「高速道路ができると、トラックも早く走れるようになったからだと思います」と、ある子が発言すると、「名神は道路の幅も広いから、大型のトラックも走れるようになり、たくさんの荷物が運べるようになったからだと思います」と、意見が重なっていく。そして、「鉄道輸送は、早くて大量に運べても、駅から駅までしか運べないけれど、トラックだと工場からお店まで一気に運べるから、増えてきたのだと思います」というまとめの意見まで、子どもたちみずから「みなさん、どう思いますか」と問いかけ、次々と出される意見を、私が板書していくことで授業が進んでいきました。子どもたちが自分たちで話し合うことは、一学期にそればかりしていたわけですから慣れたものです。参観に来られた教職員の方々からは、「ほお」とか「この子たち、すごいね」といった感嘆の声も聞こえました。がんばっているのは子どもたちなのに、私はまるで自分が評価されたかのように受け止め、「やったね」と有頂天になって、授業が終了しました。

あっけらかんとしたひと言

授業後は、すぐに別室で開催される研究協議会に出席しなければなりません。私は、子どもたちに「今日は、本当によくがんばったね。すばらしかった。これから先生たちの話し合いだから急いで帰ろう」と下校の用意を促しました。

そのときです。ひとりの女の子が、とことこと私の前にやってきて、あっけらかんとした顔で私を見上げて、「先生、メイシンってなに?」と聞いたのです。私は、愕然《がくぜん》としました。名神高速道路を知らない子どもがいたのです。

その後の家庭訪問を通して、その子は決して名神高速道路を車で通ったことがないわけではなかったこともわかりました。しかし、高速道路を走るときに、「これから高速道路に入るからちゃんと座りなさいよ。窓を開けたらいけないよ」とか、「もうすぐ料金所だよ」といった働きかけがあって、「これが高速道路なのだ」ということを子どもは理解していくのですが、彼女には、そうした働きかけをされた経験がこれまでなかったために、自分が通っているのが名神高速道路だと認識してこなかったのでした。にもかかわらず、私は、名神高速道路を知らない子どもなどいない、という前提で授業をしていたのでした。

いるのにいないことにした私

授業後の研究協議会では、参観された方々から「子どもたちがみずから考えるよい授業だった」「新採教員とは思えないほど子どもが育っていた」と次々と賞賛の言葉をいただきました。しかし私は、その場で「名神を知らない子どもがいたこと」をひと言もいわないという本当に卑怯なことをしました。つまり、その授業にその子がいなかったことにしたのです。さらには、クラスのなかにさえ、その子がいないことにしてしまったのです。「いるのにいないことにする」、それこそ明らかに《差別》です。まぎれもなく私は、「しんどい立場の子どもに焦点をあてる」どころか、「しんどい立場の子どもを切り捨てる授業をして、平然としている」とんでもない教員だったのです。私は、このときの彼女の顔と、研究協議会での後ろめたかった気持ちを忘れることはできません。

荒れていく子どもたちの心のなかは

地域の保護者の方々や先輩たち、何よりも子どもたちから教えられて、初めて担任した五年生が、二年後に何とか卒業していきました。その感激はいまも忘れられません。でも、そのなかには、中学一年生の夏休みを待たずして勉強から逃げ出してしまう子どもたちがいました。

　時は一九八〇年、いわゆる「ツッパリ」と呼ばれたスタイルが子どもたちに大きく広がっていました。男の子たちは、額に剃《そ》り込みを入れ、前髪を大きくつきだしたリーゼントに、丈が長く裏生地に派手な刺繍《ししゅう》の入った長ランを着て、女の子たちは、丈の短い上着に長いスカートを着て、眉毛を剃り、パーマをあて脱色した長い髪。そんな格好で、学校を抜け出し、たむろしている光景が、あちこちで見られました。そんななかに、つい二、三カ月前まで「先生いっしょに遊ぼう」と屈託のない笑顔で語りかけてくれていた私のクラスの卒業生の姿もありました。

　私は、そんな子どもたちを追いかけて、放課後や夜、家庭訪問に行ったり、同僚や中学校の先生方とパトロールに回ったりすることが頻繁となりました。知っている子どもだけのときなら、私一人でも厳しく注意します。でも、上級生や他校の生徒たちといっしょにいるときには、一人では何もできません。

「子どもは友だちの目を気にするから、他の生徒といっしょのときは、叱っても反発するだけで意味がない」「一人で向かおうとせず、教職員チームで対応すること」――そういわれていましたから、「おう、また会《お》うたな、今日はどうや」と、意味のない言葉をかけて、子どもたちと同じようにヤンキー座りをし、たわいもない話で間をもたせながら、他の先生方が来てくださるまで引き止めておくのが、やっとでした。

押しつけ、意見する大人たち

でも、子どもたちは「帰れ」とはいわず、「またトガセンか?・」(私はこう呼ばれていました)といいながらも、話につきあってくれました。とはいうものの、返ってくる言葉は、「別に……」「(学校が)おもんないねん」「(先生や親が口うるさくて)うっとうしいねん」という単語ばかり。何がどうとは教えてくれません。

当時、この中学校で、いわゆる「番を張っていた」生徒が、三三歳になって、当時の担任の先生に届けた手記があります。そこにはこんな言葉が書かれています。

そのころは、ずっと荒れていたせいもあり、体育会系で不良たちにも負けない先生が何人もいました。実際に体罰もありました。その中でも一番怖がられていた先生に、私は勝負し負けませんでした。力づくでもだめ、理屈でも押さえられず、どの先生もお手上げで、学校からはあまり来ない方がいいと思われていました。学校に行かなくなった私は、ヤクザの組員の使い走りみたいな生活でした。なぜ、そんなふうになっていったかというと、その頃の先生も親も自分たちにとって都合のいいことばかりを押しつけて意見するところが嫌でした。そこへいくと、まだヤクザ世界の人はやった分だけすぐに認めてくれるし、優しいしあっさりしていて、実際は恐ろしい世界なのに、その生活から抜けられない部分がありました。でも、そんな生活をしながらも、「おれはこのままでええんやろか？」と心の中で迷っていました。

これに続く文章で、彼は次のように綴っています。

私みたいな問題児を担任する、とみずから申し出た変わった先生がおられました。

「先生、おれ、学校行くわ」

「変わった先生」と彼が表現した先生は、学校に来ない彼のもとに、毎週かかさず自転車で家庭訪問をされますが、決して「学校に来い」とはいわれません。ただ、彼と雑談をして帰る、そんな生活が半年続いたある日、彼のなかの決意が固まり、自然に出た言葉が、「先生、おれ、学校行くわ」のたったひと言だったと述べられています。中学三年生になった彼は、すべての誘いを一切断ち、わからない勉強に向き合い、厳しい部活練習にとりくんでいきます。そんな彼と担任の先生の姿が、ほかの生徒たちに、ほかの教職員に広がり、いつしかこの学校は、落ち着きを取り戻していきました。

当時、小学校に勤めていた私もこの姿を見ていました。それどころか、彼といっしょに荒れていた生徒の弟や妹を担任もしていましたし、実際、小学生がこうした中学生の「使い走り」として、工事現場にシンナーを盗みに行かされたり、万引きをさせられたり、なかには、鍵を壊して配線をつないだ直結バイクにいきなり乗せられて、けがをするといったこともありました。

そんな対処をくり返していると、彼の言葉どおり、「それは駄目！」「こうしなさい！」と意見するばかりで、子どもたちと思いは通わず、当然、疲れと虚《むな》しさしか残りませんでした。私は、この先生の姿勢に学びながら、ただ「聞く」のではなく、まずはしっかり心を向けて子どもたちの思いを「聴く」こと、そして何よりも、「勉強わからんもん」「わからん授業聞いてんの、しんどいもん」という状態に子どもたちを追いやらないよう、小学校の教員としてやるべきことをやらねば、と思うようになったのです。

「非行は宝」の意味

現在も、子どもたちのさまざまな問題、とりわけ「いじめ」が教育問題を超えた社会問題となっています。戦後、子どもたちの問題行動の多発には、いくつかのピークがあったといわれますが、解放教育のとりくみにおいても、いわゆる「非行問題」は、常にその核心におかれてきました。

一九六〇年代前半、各地の中学校で「連日、校舎の腰板や教室の窓ガラスを割る、授業を抜け出して大騒ぎをする、教員に粗暴な言動をとる」といった校舎破壊や教師反抗が続発しました。その中心にいたのが、多くの場合、被差別部落や在日コリアン、さらには生活困窮家庭といった社会的に厳しい状況におかれていた生徒たちでした。

就職差別が公然と行われていた時代でしたから、進路が決まらない、展望さえもてない状況で、とくに中学卒業まぎわとなると、その不満はおのずと学校へと向けられます。まったく進路が決まらないまま卒業式を迎えていった子どもたちからは、「ヤクるか、ゾクるか」と、ヤクザや暴走族に入るしかないという言葉さえ、実際に聞かれました。

「社会に受け入れられないと先生は言うけれど、そもそも社会がおれらを差別しているのに、学校は何をしてくれたんや」「なぜ、差別されなあかんのか、それをしっかり教えてくれ」という生徒たちの言葉は、「秩序に従わせる」ことだけにやっきとなり、「社会のあり方を問う」ことをしてこなかった学校教育への鋭い告発だと受け止めた教員のなかから、「非行は宝」という言葉が語られました。

非行は差別に負けた姿

しかし、だからといって、生徒たちが荒れることを放置しておいてよいはずはありません。本来なら、他の生徒たちとともに問題の解決に向かうべきエネルギーを、「非行」という歪《ゆが》んだかたちでしか表出できない現実を変えていくのは、教育の力です。

一九七〇年代には、「非行は差別に負けた姿」としてとらえ直され、各地で「しんどい子どもを中心に据えた集団づくり」の実践が、とりくまれていきました。これは、「リーダーを中心とした組織的民主的な学級」というそれまでの「学級づくり」のあり方を逆転させるものでした。先に紹介した生徒と先生の姿はまさにそうでした。その生徒は、手記の最後にこう記しています。

何や、不良が運良くいい先生と巡り会って立ち直っただけか、その先生も不良の生徒ばかりにかかわって他の子にはどうしてたんやと思われるかもしれません。しかし、そうじゃないんです。私と先生が真剣にとりくむことで、他の不良の生徒も、私がちゃんとすることで変わっていくし、真面目な生徒も私が勉強する姿を見て、私にもできるとか、みんなそれぞれに目標が備わっていったのです。他の先生方もみんな引き込まれていったんです。生徒が変わり、先生が変わり、学校が変わったんです。

生徒が抜け出さない授業を

「生徒指導」の根本は「生徒理解」です。にもかかわらず、「荒れる子どもたち」を力で押さえつけ、処分で締め付けようとする指導が、往々にして行われることがありました。もちろん、暴力をふるおうとする生徒を力で押さえつけることも必要です。なぜなら、その子のためにも「暴力」をふるわせてはならないからです。ですから、羽交い締めにすることや、身体《からだ》をはって止めることを、私もやってきました。深夜にパトロールしたり、激しい口調で叱りつけたりもしました。でも、それはその場をしのぐだけで、問題の解決にはなりません。また、そうした生徒への対応は、教職員すべてが同じようにできるわけでもなく、またする必要もないと私は思ってきました。深夜のパトロールなどは、行ける条件のあるものが行けばいい。むしろ、私が怒鳴りつけたあと、「いま、どう思ってる?」と語りかけてフォローしてくれる方がいてくださってこそ、私の叱責が意味をもつのだと思います。ですから、生徒への接し方には、それぞれに責任ある分担があって当然です。

けれど、いくら生徒を叱りつけ、言い聞かせて教室に入れても、「勉強わからん」「授業しんどい」なら、またすぐに飛び出していきます。ならば、生徒たちが「抜け出さない授業」

「五〇分間、集中できる授業」こそ大切なのです。「自分の担当する授業を成立させる」ことは、すべての教員に共通した責務ではないでしょうか。

「授業で勝負する」とは、しんどい立場におかれた子どもたち、不満のはけ口やエネルギーの向け方の間違っている子どもたち、「勉強がわからん」と投げやりになっている子どもたちと真正面から向き合うことです。先の手記にはそのことが明確にしめされています。

子どもたちの「問題ある行動」は、いつの時代にも存在しました。そのことは、「問題行動」が、子ども個人に要因があって起こるのではなく、時々の社会状況の矛盾が子どもたちに反映し、歪んだかたちで表出したものであることをしめしています。ならば、子どもたちとともに問題の所在に向き合うのが、教育の営みではないでしょうか。

父と娘の小学校三年生の詩

「言葉の力を」と始めた詩のとりくみ

新採で担任した子どもたちを卒業させた翌年、私は三年生を担任することになりました。「勉強に負けない子を」といわれながら、中学校で学習から逃げ出していく卒業生の姿に直面し、何よりも、しっかり自分の意見が言える力、言葉の力を育てなければと思いました。そこで先輩の先生に「何か、言葉の力を育てるよいとりくみはないですか？」と聞いたところ、「詩にとりくんでみたら。むずかしく考えないで、ひとつのことから浮かぶ言葉を次々と書き出して、それを構成していくと詩になっていくから」と、ヒントを下さいました。

私は、一週間にひとつ、子どもたちに詩を書かせ、文集にして配ることを始めました。すると、ひとりの女の子がこんな詩を書いたのです。

おにぎり

おにぎりは　おいしい
おにぎりを　かっぷっとたべたら
手にごはんがついた
おにぎりの中のうめぼしを
ぱっくとたべたら
すっぱいが　口にひろがった
おにぎりの中に　のりをいれる
その上に　のりをまくと

もっとおいしい　おにぎり

他愛《たあい》もない詩ですが、この子には二人の中学生のお兄ちゃんがいて、そろって荒れていました。家庭訪問に行くと、頻繁《ひんぱん》に中学の先生が指導に来られている。お父さんは、仕事で疲れて帰って来られて、何も話されない。お母さんがうろたえておられる。そんななかで、彼女がお母さんといっしょに過ごしている情景が浮かび、また、「ぱっく」とか「かっぷっ」とか破裂音がかわいいと思い、先輩の先生に見せたところ、地元新聞に投稿することを薦められました。さっそく出してみると、この詩が掲載されたのです。私はものすごくうれしくて、すぐ家に電話をして「これから行きます」と駆けつけました。そのうれしさのなかには、正直、自分の「手柄」だと思い上がっていた部分がありました。

お父さんから出た驚きの言葉

家につくと、なんとふだんはほとんど話をしてもらえないお父さんが待っていてくださったのです。そして「先生、おおきになあ。うちの子で、こんな賞をもらうのは、この子が初めてや。まあ上がって上がって」といわれ、続けてびっくりすることを話されました。

「実はなあ、わしも小学校三年生のときに詩を書いて賞状をもろたんや」

私より一〇歳年上のお父さんは、生活が厳しく中学校には行けずに父親といっしょに働いていたと聞いたのに、小学校三年で詩を書いて賞状をもらったとは……と混乱していると、「実は、三年生から岡本博文《おかもとひろふみ》先生に担任してもろたんや」といわれました。

岡本博文先生と聞いて、ハッとしました。一九七〇年代初頭まで月刊誌を刊行し活発に活動していた児童詩サークル「きりん」の中心におられた方でした。私は、同じく「きりん」に参画されていた灰谷健次郎《はいたにけんじろう》さんの作品を通して、この先生の名前を知っていたのです。

私はあわてて学校に戻り、図書室に向かいました。というのは、月刊誌は廃刊になりましたが、その後、理論社から『きりんの本*4』として単行本にまとめられていたのを思い出したからです。

お父さんの詩に打ちのめされて

お父さんの詩はすぐ見つかりました。なぜなら、当時のこの本には、学校名と学年、子どものフルネームが書いてあったからです。一九五五年、三年生のときに書かれた詩でした。

　　あそんで
おかあちゃん

びょうきで　ねてんねん
おとうちゃん　かいしゃ
にいちゃん　いえに　いいひんねん
おれな
よその子の　こままわし
じっと　みてるねん

たった七行の詩。悲しいも、悔しいも何にもない。にもかかわらず、お父さんの姿が浮かんできます。気持ちが伝わってきます。そして隣のページには、四年生になったお父さんの詩がありました。

しんだおかあちゃん
おかあちゃん
「し」のしょうじょうもろたよ
ふでばこもろたよ
バッジも　もろたよ

おかあちゃん
みんな
おぶつだんのところへならべとくよ
おかあちゃん
これ　さわってみてね

ほんの三〇分前、私の前で「娘が賞状もろてくれた」といって喜んでくださったお父さんが、同じ小学校三年生のときに書かれた詩を読み、だれもいない図書室でボロボロ泣けて、涙が止まりませんでした。

泣けた理由は何より、自分が情けなくて。彼女の詩とお父さんの詩、良い悪いではなく、質が違うのです。それは二人の違いではなく、詩を指導している私と岡本先生の、教員としての姿勢の違いなのです。私は、たった二〇坪の教室でテーマを与え、あれこれと書かせているだけ。岡本先生は、しっかりと地域のなかに入って、お父さんの生活を見て、その思いの根底をつかんで、それを詩で表現する力を育てておられたのです。

同和教育は、部落差別の現実に深く学ぶことが出発であり、そのために、家庭訪問を大切にし、地域に入ることを原則としてきました。私も、これまで何度も家庭訪問をしてきたにもかかわらず、いったい何を見ていたのか、何をつかみ、どうとりくんだのか。教育への姿勢が問われたのが、この詩との出会いでした。

生活背景を知ることで生まれる授業の工夫

背景にある生活を見ることで

「生活背景を知っているのか否かで、子どもたちへのとりくみが大きく変わってくる」――いくつもの失敗から教えられてようやくわかりだしてくると、子どもの些細《ささい》な行動の背景が理解できるようになってきました。

いつも身体を斜め右にして授業を受ける子がいました。共働きの両親と中学生のお姉ちゃん、家族それぞれの生活時間帯がちがうために、食事もばらばら。その子には、幼いときから、ほとんど毎日、台所の左奥に置かれたテレビを見ながら、ひとりで食べてきたという生育歴がありました。

席に近づいて声をかけると身体をビクンとさせ、瞬間的に右手で頭を押さえる子がいました。家庭に行ってみると、まるで漫才のツッコミのように、何気ないことでも、すぐに頭を叩《たた》く親の姿がありました。

クラス全員に説明したにもかかわらず、毎回、「先生、これでいい？」と確かめにくる子がいました。家庭で、いつも「これしなさい、あれしなさい」と指示されて育ってきた子どもでした。そんな子どもたちの背景を知ると、授業のあり方にも工夫が必要になります。

授業の工夫が届くとき

たとえば、小学六年生の算数で、こんな問題があります。「お風呂にAという水道で水を溜《た》めると一〇分で一杯になります。Bという水道で水を溜めると一五分で一杯になります。いまAとBの水道を同時に開いて風呂に水を溜めると、何分で一杯になるでしょう？」

この算数の問題を解くには「一定時間かけて水を溜める」というイメージが、まず前提理解として必要です。ところが、同和対策事業で建設された大都市の改良住宅には、内風呂の設備はありません。ムラにある共同浴場に毎日通う生活をしている子どもたちにとっては、一〇分かけて風呂に水を溜め、「もう入ったかな」と気にしながら過ごす体験もありません。そこで、そうした子どもたちに「焦点をあてた授業」の工夫が生まれてきます。

私たちは、解体業をしておられる方に頼んで、バスタブをもらってきました。そこに雑巾を洗う水道の蛇口から水を入れます。ストップウオッチで測りながら、油性のマジックで、一分

ごとにたまった水量のところに、線を引いていきます。子どもたちが見つけます。再びバスタブ

「先生、一分ごとに同じだけ水が入っていく」と、子どもたちが見つけます。再びバスタブを空っぽにして、今度は手を洗う蛇口から水を入れ、同様に一分ごとの水位を記録させると、

「一分ごとに同じだけ水が入るけど、今度は幅が狭い」と気づきます。

そこで、子どもたちに「いまから、この二つの蛇口から同時に水を入れたらどうなるかな？」と、問いかけます。「一分間に、この線の分と、こっちの線の分を合わせただけ入るんだ」ということから、「全体を一とすると、一分間に入る水の量は、一〇分の一と一五分の一を合わせた分になり、それで全体の一を割ると、かかる時間がわかる」と、水を溜める経験がない子どもに焦点をあてた授業を私たちはつくっていきました。

実はこのとき、気づいたことがありました。そんな工夫を加えた授業のなかで、「そういうことだったんか……」という言葉を発するのは、塾に行って「1／10＋1／15で、1を割る」と、計算の仕方だけを覚えていた子どもたち。頭のなかだけで理解していた子どもたちにとっても、生活と結びつけて、あらためて体感することができたわけです。

焦点をあてるべき子どもとは

新採教員になったばかりの私が、「四〇人の子どもは、四〇の生活をランドセルに詰めて学

校に来ている」と、先輩の先生に教えられたことは先に述べましたが、「格差拡大社会」「階層化が進行する社会」となったいまこそ、学習内容からいちばん遠い位置におかれた子どもに焦点をあてた学習が必要なのではと思います。

親の膝の上で絵本を読んでもらったことなどない子ども、親といっしょにお風呂に入り、「百まで数えて上がろう」などという経験のない子ども、土日が続けて休みとなっても、どこかに連れていってもらって自然体験や社会体験を積む機会がもてなかった子どもたちが、どのクラスにもいるのではないでしょうか。

「システマチックで効率よい学習」ではなく、そんな子どもたちに焦点をあて、ともに学び合う学習こそ、求められていると思います。

＊1　期待される人間像　一九六六年に中央教育審議会が後期中等教育のあり方に関連して出した答申。青年に「愛国心や遵法精神」を育成することが強調された。

＊2　中村拡三　一九七〇年代、雑誌『解放教育』の初代編集長として、横田三郎らとともに、教育のあり方について数多く提言。「解放の学力」を提唱した。

＊3　学力論争　一九六〇年代、学力とは何かをめぐって論争されたときの主たる論客。「思考や態度も含めて学力」と主張した広岡たちに対して、学力はあくまで「測定可能な能力で、態度は切り離して考えるべき」と主張したのが勝田たちだった。

＊4　『きりんの本』　日本童詩研究会編『きりんの本』理論社、一九五九年

Part 2

この町のこと、もっと知りたい

子どもたちと学んだ地域教材

教師が毅然とした姿勢をしめすとき

子どもたちの「いじめ」が連続して報じられています。たんに「加害者の処分」や「教育の場に警察権力を導入すること」ではなく、真に子どもたちの側に立って、どうとりくんでいくのか、その再考が求められています。

解放教育の柱「仲間づくり」

解放教育のとりくみのなかでも、「集団主義の思想」にもとづく「仲間づくり」が、三つの柱のひとつとして掲げられてきました。しんどい立場の子どもたちを核にした「学級集団づくり」や「子ども会活動」には、長い歴史のなかで数多くの貴重な実践が築かれ、報告されてきました。私も、それらに学びながら教員生活を続けてきたのですが、新採一年目の私にとって、その後につながる衝撃的なできごとがありました。

五月中旬のある日、昼休みに突然、学年主任のT先生が、私のところに来られて、「予定を変えさせてすまんけど、五時間目に学年集会をさせてもらえんか。子どもたち全員を集めて話したいことがある」といわれたのです。ふだんはいつもにこやかに子どもに接し、話し方もおだやかなその先生が、真剣に思い詰めたような表情で依頼される姿に、理由を聴くこともできず、私は「はい、わかりました」と即答するしかなく、五時間目が始まると急いで、学級の子どもたちを視聴覚室へと率いていきました。

「だれですか！　立ちなさい！」

すでに、T先生の学級の子どもたちは静かに座っており、そこに私ともうひとりの先生の二学級の子どもたちも着席しました。前に立たれたT先生が、口を真一文字にして三学級の子どもたち全員を見渡されると、いっせいに緊張が走りました。

T先生は、ひとりの女の子を前に連れ出されました。その子の肩を持って自分の前に立たせると、いきなり「この子の手を気持ち悪いと言ったのはだれですか！　立ちなさい！」と、顔を紅潮させ、大きな声でいわれました。そのあまりの迫力に、子どもたち全員、身動きもしませんし、私も身が凍る思いをしました。T先生の子どもたちを見抜く鋭い目にうながされるように、まずはT先生の学級の子どもたちが数人立ち上がりました。

「これだけか？　一度でも言ったものは立ちなさい！」の言葉に、次々と子どもたちが立ち上がっていきます。そのなかには、もちろん私の学級も隣の学級の子どもも含まれています。

「本当に、これで全員か？」と、再び子どもたちを見渡された先生は、女の子の手をしっかりと握りしめると、こういわれました。

「この子の手のどこが気持ち悪いんや！」

「病気を治したいとがんばっているこの子のどこが気持ち悪いんや！」

「二度とそんなことを言ったものは、先生が絶対に許さん！」

そしてT先生は座り込み、女の子を促して向き合うと、「嫌な思いをさせてしまってごめんな。長いこと気がつかなくてごめんな。これからは先生が絶対に守る」といって、肩を抱き寄せられました。

女の子は、ひと言も発せず、ただ泣いていました。色素が抜け落ちる病気と闘っている子でした。やがて、立っていた子どもたちのだれからか、「ごめんなさい」「もう絶対言いません」という言葉が次々と聞こえてきました。座っていた子どもたちのなかからも、「ごめんなさい」という言葉と泣き声が聞こえてきました。かくいう私は、ただただ黙って、T先生と女の子、そして子どもたちの様子を見つめているだけで、ひと言も発することができませんでした。

やがて、T先生は立ち上がると、「これで今日の学年集会は終わりますが、今日、約束したことは必ず守ってください」といわれて、子どもたちを順に教室へと帰されました。

教師としての使命感と迫力

「いじめられている当事者を前に出して、そんな指導は……」という意見もあると思います。でも私は、T先生が自分の学級の子どもに責任をもつという強い意思と、よりよい学級を必ずつくるという自信をもっておられたからこそ、そして子どもたちとT先生との信頼関係があったからこそ、この指導が成り立ったと思いました。新採教員としてわずか二カ月の私でしたが、私もT先生とともに約束を果たさなければならないと思い、教室に戻ってから、子どもたちに次のように語りました。

「この学級の人も嫌なことを言っていたと知って、正直ショックでした。でも、もう責めることはしません。ただ、T先生の言われたことを先生も実行します。いじめは絶対に許しません。いじめられた人を絶対に守ります」

当時は、T先生の教師としての使命感や迫力に圧倒され、それに押されていっただけだったかもしれませんが、差別やいじめと向き合うべきときは、強い決意で揺るがないということを学んだできごとでした。

本当の思いを掲載できなかった「学級通信」

解放教育の柱のひとつである「仲間づくり」に話を戻します。「仲間づくり」を進めていくなかでは、さまざまな社会状況や生活背景を背負って学校に来ている子どもたちが「互いに本音を話し合える学級」「いちばん辛《つら》いことを語り合える学級」であることが大切だといわれます。でも、それは決してたやすいことではありません。「受け止めてもらえる」という相手への信頼なくして、「自分を語る」などできるわけがないからです。

学級通信「かわら版」と日記「心に残ったこと」

新採で初めて担任した子どもたちに、私は最初の週からB４判一枚分の「学級通信」を配布しました。「タイトルはそのうちみんなに付けてもらいますからね」といいながら、とりあえずつけた「五年い組かわら版」という名前がそのまま続いてしまいましたが、学級通信には、私と子どもたちとのつながり、子ども同士のつながり、そして、保護者とのつながりを築くために、子どもたちの様子や思い、私の思いを伝えて共有してほしいという目的がありました。紙面の半分が、学校生活での子どもたちの様子から私が感じてきたこと、四分の一が、近づく行事や学習についての紹介、そして、残り四分の一に、子どもたちが書いてきた日記を載せるというのが、基本的な構成でした。

日記については、「心に残ったこと」と題したB６判用紙を用意し、「書きたいときに書いたらいいよ」といいながら、書くことが苦手だなあと思っている子どもにはとくに、折にふれて

「今日のこと書いてきてよ」と声をかけて渡したり、学級でトラブルがあったときには、全員に書くことを求めました。一年間の最後には、子どもが書いたものをそれぞれにまとめて束ね、名前を書いた表紙をつけて製本して渡すということもしていました。

毎日、私の机上に置かれた箱に、子どもたちが書いてきた用紙が入れられます。多いときは全員分の三四枚、少ないときでも二〇枚、「あれ、今日は少ないなあ」などといいながら、時間を見つけて、必ずその日のうちにすべて読み、返事を書いて返却し、それぞれの子どもがファイルに綴《と》じることを続けていました。でも、これはなかなか至難で、子どもたちのグループに入って食べていた給食の時間も使わないとできなくなり、おかげで、右利きの私は、左手でスプーンを持ちながら、右手でペンを持って返事を書く技《わざ》を身につけました。

この「心に残ったこと」も「かわら版」も、たいへん好評でした。「ぼくの書いたの（日記）がのった」と喜ぶ子どもたちや、「学校や子どもたちの様子がよくわかり、楽しみに読んでいます」と声をかけてくださる保護者もありましたし、ときには、私の書いた思いをみんなで読んで、話し合うことにも活《い》かしていました。子どもたちは、どんどん枚数がたまって分厚くなっていくファイルを楽しみに、競って書いてきました。書くのが苦手な子も、「短くてもいいよ」という言葉に乗せられて書いてくれるので、私は、「そのときの様子、もっと知りたいなあ」などとコメントを返していました。

掲載しなかった、できなかった私

そんなとりくみをするなかで、夏休み明けから、「みんなで焼き肉やキムチを食べ、チャンゴを叩いて踊った楽しいキャンプでした」「チョゴリを着て、お祝いの会に行ってきました」などと書いてくるチエさんの姿がありました。そして、その文末には必ず「これはかわら版にのせないでください」という一文があったのです。

学年当初の家庭訪問で、通名を名乗っておられても、家具や調度品はすべて朝鮮風の部屋で、チエさんのお母さんから「私たちは朝鮮人であることを誇りに思っています。でも、いまこの国で本名を名乗って、どんな利がありますか。この子には、この国で生き抜くための実力をつけてやりたい」といわれていた私は、彼女が書いてくる文章に、当たり障りのない返信を書いて返すものの、しだいに悩みはじめました。

チエさんが、私に伝えたくて書いてくる文章。それを「のせないでほしい」という。チエさんが本当に伝えたい思いを掲載できない学級通信に何の意味があるのか……。通信を出すことに満足しているのではなく、その通信に「本当に伝えたいこと」を掲載できる学級をつくることこそ大切だと思ったのです。

寄り添うとはなんなのか――チエさんとの再会から

みずから在日コリアンであることを私に告げてくれたチエさんの思いに、何とか応えていかなければと思った私は、六年生になると、歴史学習のなかで部落問題とともに古代から近代にかけての日朝関係史にとくに重点をおいて授業を進めました。

いまにして思えば、「歴史をつくってきたのは、各時代の権力者ではなく民衆なのだ」「差別されてきた人々や在日朝鮮人の方たちは、どんな差別や不当な仕打ちを受けても、たくましく生きてこられた」「そんなおかしな差別は、自分たちでなくさなければならない」といったきわめて単純な教え込み型の授業だったと恥ずかしくなります。

でも、卒業した子どもたちが、「先生の社会の時間がいちばんおもしろかったし、いまでも覚えている」といってくれたほど、力を入れていました。

異なる二家族の考えのなかで

その一方、私は、チエさんと、もうひとりの在日コリアンのコウくんとは、個別に話す機会をもとうとしました。当時は、「立場宣言」という言葉で、差別を受けている子どもたちや、さまざまな社会的に不利な条件におかれている子どもたちが、学級のなかで「自分のこと」を語る実践が各地で進められていましたから、私も当然のごとく、「社会的立場の自覚」を促すためにそうすべきだと信じていました。

チエさんとは、ご家族とも正面からいろいろな話ができました。夏休みの読書課題には、高《コ》史明《サミョン》さんの『生きることの意味』を薦めて、後年、彼女から「あの本、私より先にお母さんやお姉ちゃんが読んだのですよ」と聞かされました。よく六年生に薦めたなあと、いまさらながらに思いますが、彼女にとっては、大きな意味をもつ本との出逢いだったのでした。

ところが、コウくんとは、担任してすぐの家庭訪問で、いきなり「うちの子には、在日であることは言っていないし、息子にその話をすることは一切許さない」と宣言されていました。歴史学習のなかでさりげなくふれても、家庭訪問で水を向けても、一切シャットダウン。当時、コウくんの家庭は、仕事においてもつきあいにおいても、こうした生き方を選択するしかない社会的条件にあったのが私も理解できましたから、学級で話し合うどころか、本人と何も話せないまま、とうとう卒業式を迎えました。

卒業証書には、もちろん本名が記載されています。家庭訪問して相談すると、コウくんのご家族は、「式では通名を書いた証書を渡して、あとで家に本名を書いたものを本人にはわからないよう届けてほしい」という選択をされました。

一方、チエさんの家庭は、「本人と先生にまかせる」という選択。でも、いままで学級で何も話してこなかったのに、いきなり卒業式で本名を呼んでも、と躊躇《ちゅうちょ》した私は、卒業間近の日に学級で彼女の思いを話し、式では通名で呼び、学級に戻り、最後の最後に、彼女の本名を呼んで、あらためて卒業証書を渡すということをしました。それが、どうだったのか……。

二〇年後の同窓会

卒業後、何度かのクラス単位の同窓会と年賀状のやりとりのなかで、チエさんが元気に過ごしていることは知っていました。一度は工学部に進学したのに、歯科医師になるために編入学したと聞いたときは驚きましたが、「この国で生き抜くための実力を」といわれたお母さんの言葉を思い起こしました。卒業からちょうど二〇年後、子どもたちが三クラス合同の大同窓会を開いてくれました。久しぶりに再会した数十人のなかに、チエさんの笑顔がありました。

自己紹介では、同じ在日コリアンの方と結婚して、本名で歯科医院を開業していると語ってくれました。私のまわりで彼女と話し合っている教え子のなかに、隣のクラスのナオさんがいました。彼女も在日コリアンで、小学校のときからチエさんととても仲が良く、いまはピアノ教室を開いています。

その彼女は、「私は、本当は学校の先生になりたかったけれど、国籍のことがあるからピアノの先生になった。でも、毎年開く発表会の会場を借りたり、いろいろな準備をしたりするのに、やっぱり手間がかかるから、日本国籍をとった。それでも気持ちはチエとちっとも変わらないから」と語ってくれました。

人生に意味あるかかわりとは

二人の会話を聞きながら、私は、「在日コリアンの生き方はこうなのだ」とか「被差別の立場の子どもたちには、こうすべきだ」という考えに凝り固まり、そうできないことを情けなく思いながらも、それでも「子どもたちに寄り添っている」と思い込もうとしていた自分の姿を振り返っていました。なぜなら、こうしてみんなに自分を語っている二人がいる一方で、中学生の間に一家そろって引っ越され、音信不通となってしまったコウくんの姿は、同窓会の場になかったからでした。

小学校では、直接担任として子どもたちと接することができるのは、ほぼ一年間。「寄り添う」とは何なのだろう。その後の人生にとって本当に「意味ある教員のかかわり」とは何なのだろうかと、いまも考えつづけています。

「お兄ちゃんと呼ばれて照れくさかったけど……」

♪部落完全解放の
決意を込めた荊冠旗《けいかんき》
掲げて歩む仲間たち
ああわれらは　解放子ども会
（作詞・作曲　沢良宜《さわらぎ》子ども会）

私が教員になった一九七〇年代、この「解放子ども会の歌」にしめされた思いのもと、全国各地で子ども会活動が活発に展開されていました。

戦後、「基本的人権の尊重」を明記した憲法が制定されて一〇年以上経っても、被差別部落では、大人たちの仕事といえば日雇いか内職、収入は社会平均の六割。中学をやっと卒業できても、すでに七割以上に達していた高校進学率は三割以下、就職先は親と同じ日雇い仕事、そんな厳しい差別に、国や行政に法的措置を求めるとともに、みずからも「何とかしたい」との思いで、日々さまざまなとりくみが進められていました。

みずからの権利と尊厳を守るために

小学校さえ満足に行けなかった大人の方々は、厳しい労働を終えたあと、「識字学級」にやってきて、鉛筆を握りしめ、ひらがなから文字を取り戻しておられました。「実技試験なら一発で合格するけど学科が通らん」と、運転免許証をとるために学んでおられた方、「とにかく資格をとらんと仕事につけん」と、調理師や老人家庭奉仕員（現在のヘルパー）めざしてノートに向かわれる人たちの姿が、私が出会った部落解放運動でした。

そうした学習の合間に語られる体験は、学校、職場で受けた差別言動、人生を決定づけた就職・結婚での差別。そのなかで必ず発せられた「子どもたちには絶対にこんな思いをさせたくない」のひと言にすべてが凝縮されていました。

冒頭の歌詞に重なる人々の思いを受け、一九五〇年代から、青年や志ある教職員によって解放子ども会が続々と組織されていきました。差別に負けない子どもを育てるためには、学校での教育とともに、被差別という同じ立場におかれた子どもたちが集う場が、ぜひとも必要だったからです。

それは今日においても同じです。被害や被災にあわれた方々、社会的マイノリティがみずからの権利と尊厳を守るためには、まず力を合わせることが必要です。

子どもたちの生活や思いを知るためには

「あそこへは遊びに行ったらいかん」「あの子と遊ばんほうがいい」……そんな言葉を投げかけられていた子どもたちの状況がたしかにあったなかで、たんなる「学力補充の学習会」を学校が行うだけでは不十分です。

私が赴任した小学校は、地域の子どもたちが一三〇人も通っていました。教員としての責務である学力を育むためには、子どもたちの生活を知らなければ、その目標に迫れません。それだけではなく、たとえ一定の学力を身につけたとしても、子どもたちの将来に待ち受けているのは、厳しい差別の現実です。いや、いま現在も差別のなかを生きている子どもたちの姿があるなら、教員が地域に入り、子どもたちの生活や思いを学ぶことなしに、教育活動は進められません。と同時に、地域の子どもたちが互いに語り、つながり、支え合っていくための場が必要であり、私もその場に参加したいと強く思っていました。

その年の秋、地域の一年生から六年生までほとんどすべての子どもたちが集まって、初めてのスポーツ大会が開催されました。

その日の記録には、子どもたちの次のような言葉を記しています。

「ちっちゃい子たちが楽しかったと言ってくれて、とてもうれしかった」

「お兄ちゃんと呼ばれて照れくさかったけど、またやりたいなあと思った」などなど。

この日から、地域での自主活動が本格的に始まりました。決して私たちの意見を押しつけるのではなく、子どもたちの気づきや思いを大切にすることを原則としました。

すると、子どもたちから出てきたのは、「どうして自分たちの地域はよその地域と違うのだろう」という問いでした。これがキーワードとなったのです。

「なんで、うちらの町内だけ……」

高層の改良住宅が建設され

一九六五年に「部落問題の解決は国及び地方公共団体の責務」と明記された「同和対策審議会答申」が出され、法律が制定され、産業振興、就労支援、教育保障と、さまざまな施策が実施されるようになりました。

とりわけ急務だったのが環境改善事業でした。たとえば当時、私が勤務した学校区の地域では、住宅密集率は全市の二〇倍。小さな家が密集し、一軒の家に間借りというかたちで二家族、三家族が暮らしておられ、六畳一間に家族六人、トイレは共同便所、水道さえ共同という、高度成長を迎えていた社会のなかで明らかに劣悪な住環境でした。その状態を何とかしなければと、鉄筋の公営住宅が建てられていきました。

しかし、もともと狭い土地しかありません。当初の予定では四階建ての住宅が、「必要戸数の建設が間に合わない」からと一一階建ての高層となり、地区の方々は、自分が住んでいた土地と家を手放して入居されていきました。周囲からみれば、視界に飛び込む高層の立派な建物、しかし、内部は四五平方メートルで、三畳の台所と四畳半二間、六畳一間が田の字に並び、トイレはあってもお風呂がない、そこに最大七人の家族で暮らしておられました。

それでも、入居された方が、「先生、コックひねったらガスがつく、トイレなんて水洗やで」と、喜んで語られました。私が教員になった一九八〇年ごろは、こうした改良住宅がようやく建設されたときで、一方でいまだに共同便所で生活している子どもたちもいるという状況があったのです。

「自分たちの町内のこと、もっと知りたい」

「ぼくが小さいときは、しょっちゅう水があふれて、隣保館の二階に避難したことがあるんやて」――ある男の子のこんな言葉から始まったのが、地域における水害との闘いの歴史を調べる活動でした。

地域は二つの川の合流点に位置しています。しかも、ひとつの川にもうひとつの川が直角に流れ込むと、その数十メートル下流で右に曲がり、すぐに左に曲がるというクランク状の流路をしていたのでした。ふだんは穏やかな流れの二つの川ですが、いったん雨が降ると、上流から大量の水が濁流となって押し寄せてきます。その水がクランク状の地点にぶつかれば、逆流し、堤防を越えて地域に流れ込むのは必然でした。私が赴任する直前の一九七四年、この川の大改修が終わり、クランク状の流路が斜めにつけかえられ、ようやく水害は起こらなくなっていました。

地域には、以前の川筋がそのまま干上《ひあ》がって残っていましたし、流れ込んだ水を排水するためのポンプ場も残っていました。こうした施設を見に行くとともに、子どもたちと保護者の方々への聞き取りに行きました。

水害と闘った人たちへの聞き取りから

「この子が一歳のときやったかな、台風の雨が降り出したかと思うと、すぐにサイレンが鳴り出したさかい、飛び出したら、もう道は水であふれ、みるみる水かさが増えていったんや。大あわてでこの子を抱きしめて、哺乳瓶と牛乳を持って隣保館の二階に逃げたんや。ずぶ濡《ぬ》れになって逃げてきた人たちで身動きもできんかった。小さいときから、毎年何度もこんなことにおうてきたけど、生きた心地もせんかった……それが一九七二年に起きた最後の水害やったかな。もう二度とあんな目にあいとうない」

語られる言葉を聞きながら、地域の人たちが苦労のなかから水路を変えるという大改修工事を求めて闘い、勝ち取ってこられたことを、子どもたちも私も学ばせていただきました。

「これって差別やん!」

聞き取りと同時に、子どもたちと旧河川の堤防の高さや幅を測りに行きました。川の東側が被差別部落の人々が暮らす地域で、西側は旧本村*1の方が所有されている田畑。子どもたちが計測してみると、明らかに東側の堤防が低く、また幅も狭いのです。念のために、以前の写真を見せてもらうと、その高低差は、さらにはっきり写っていました。

「なんで、人の住む町内の堤防より田んぼの堤防が高いねん？　人の命より田んぼのほうが大事なんか？　これって差別やんか」

子どもたちは、怒りを込めてこの現実を見つめていきました。

江戸時代にこの川の開削が行われたとき、本村に対して「決して田畑に被害を与えない」という念書が交わされていたことを、古文書を見て私が知ったのは後日のことでしたが、部落問題の学習は、「差別」や「人権」といった言葉を教えることではなく、子どもたちが事実と出会うなかから進められ、深められていくのだと気づくことができました。

鹿の子絞りでひしゃげた爪

「京鹿の子」を担っていた地域の人々

「自分たちの住む地域はどうしてこうなのか？」――子どもたちの疑問から、自分たちの生活に部落差別がどのように現れているのかを、みずから気づいていくことこそ大切にしたい。次に紹介するのは、鹿の子《かこ》絞りを調べたあと、子どもたちでまとめた言葉です。

差別のなかで仕事につけなかったこの町内の女の人たちは、生活していくために鹿の子絞りを始めた。鹿の子絞りは、十歳ぐらいの子どもの頃からはじめて、一人前になるのに何年もかかる。その上、一日六時間働いても収入はわずかだった。さらに、絞り続けると病気になる。しかし、それでも仕事を続けなければ生活ができない。病気になっても働き続けなければならなかった。そんなつらい思いの中で生きてこられた。そうしてできあがった鹿の子絞りは、とてもきれいな着物となって、デパートなどで売られたが、町内の人たちは、自分が絞ってもそれを着ることができなかった。
鹿の子を絞ることは、たいへんむずかしくてつかれる仕事だった。でも、おばさんたちが絞っておられる姿は、とっても早くて正確でみるみるうちにできあがっていく。苦しくてつらい中でも、すばらしい技術をもって、町内の人たちがとてもきれいな着物をつくってこられたことを知り、私たちはほこりに思います。

校区の地域では、戦前から多くの女性たちが「鹿の子絞り」を生業にしておられました。絹の布を下絵に沿って五ミリ角ほどにつまみ上げ、絹糸で縛って染めることで、糸を解いた跡が子鹿の模様に似ていることから鹿の子絞りと呼ばれました。「総絞り」となると非常に手間がかかる高級品で、とくに京都で生産されるものは「京鹿の子」と呼ばれました。戦後はしだいに機械生産となっていくものの、一九八〇年代になっても、昼間の仕事に加えて、内職としてされている方々が保護者のなかにもおられました。

まずは子どもたちと二人のおばさんの家を訪ねて、絞りの作業の様子を見せていただきました。親指と人差し指で布をつまみ、糸をぐるぐると巻き、ビシッという音とともに糸がはじかれ縛られていく、それが、ビシッ、ビシッとリズミカルに続くなか、みるみる五ミリほどの糸の突起物が連なってできあがっていきます。子どもたちは息をのんで見入っていました。「あんたらもやってみるか」という言葉で、ハンカチ大の端布《はぎれ》に、それぞれの名前を下書きしてもらって絞りにとりくんでみました。ところが、そうは簡単にいきません。「なにやってんの」「貸してみ」「ほら、ここでぐっと力入れて」と教えられながら、それぞれが絞りを体験していきました。「おばちゃん、むずかしい」「指が痛い痛い」という子どもたちに、「そうやろ」という言葉から、お話が始まりました。

生活を支えた鹿の子絞り

「昔はな、親の仕事は日雇いばっかりで、いつもお金がなくて生活がしんどかった。小学校低学年のときは小さい子の子守り、高学年になったら女の子はほとんどが鹿の子絞りを始めたんや。そやし、小学校もちゃんと行けんかった。おばちゃんなんか、卒業証書なんかもろた覚えがないわ。もちろん中学は一日も行ってへん」

おばさんの話されることに、子どもたちは聞き入っていました。鹿の子絞りは、一人前になるのに少なくとも数年を要する熟練作業であること、そして何より、他の地域では正業に加えた「内職」であるにもかかわらず、この町内では、この仕事が生活を支える重要なものだったのです。

「昔は、鹿の子絞れん女は嫁には行けんと言われたもんやで」と、冗談のようにいわれたおばさんの言葉の意味が、子どもたちにも理解できました。

しかも、着物は複雑な生産工程をたどるために、卸元から下絵の描かれた反物《たんもの》を受け取って、絞りはじめて完成するのに何カ月もかかる絵柄があることや、材料の絹糸は自分持ちであることから、決して効率のいい稼ぎではなかったこと。さらに、身を丸くして手元で作業するため、視力の低下や慢性頭痛、肩や腰の痛みから背骨が湾曲までするなど健康を害することになった、というお話もお聞きしました。

それぞれが絞った布を藍染めにして乾かし、糸を解いて開いたとき、そこには子どもたちの名前が、くっきりと白抜きの鹿の子模様で描かれていました。「うわあっ!」「やった!」という歓声のなかで、ある子どもがしみじみといいました。

「おばちゃんたちの爪、二人ともひしゃげてたなあ」、それに答えて、「すごいと思うけど、何でこんなしんどい仕事にしかつけへんかったんやろ」という子どもの言葉で、さらに学習が続きました。

日雇いでしか雇われなかったのはなぜ

一九五〇年代の調査によると、私が勤めていた学校区の被差別部落では、就業者のうち六割が「日雇い労働」と記されていました。その多くは、戦後実施された「失業対策事業」による登録日雇い労働者で、職業安定所に通い、その日の仕事を手に入れていました。

では、どんな仕事だったのか、また子どもたちと聞き取りにでかけました。

「おっちゃん、日雇いてどんな仕事してたん？」と聞く子どもたちに、ある方はこんな話をされました。「わしら、ドカンと呼んでたんや。水道管、ガスの管、下水の管と土管ばっかり埋めてたしなあ」

別のおばさんのところに行くと、「先生、あんたが教えてはる小学校のプールは私らがつくったんやで」とか「中学校の運動場を整地したのは、うちやで」ともいわれました。一九五〇年から六〇年代、学校建設が盛んに行われましたが、それらは失業対策事業の大きな仕事場だったのです。

そんな話をしていると、私より少し若い息子さんが「おれが小学校四年生のときになあ、うちのおかんが運動場の整備に来たんや。運動場の隅っこに作業小屋ができて、一週間くらいかな。毎日来て、モッコに砂を入れて担いで、運動場に砂を撒《ま》いて、トンボで広げて、それを大きなローラーで均《なら》していくのや」と、まさに「ヨイトマケの唄[*2]」に歌われた仕事の様子を説明してくださり、次のように語られました。

「おかんが運動場で働いていた一週間、おれは休み時間になっても、一歩も教室を出えへんかった。運動場に出て、『あれはおまえのおかんとちがうか』と言われたら恥ずかしいさかいに、ずっと教室のなかにいて、なんでうちのおかん、学校に来るねん、来るなと思っていた。おかんが働いてくれるさかいご飯が食べられるのに、なんで来るねんと自分の親の仕事を差別してた子やった」

青年の言葉に、子どもたちからはひと言も言葉が出ませんでした。

雇用における差別に気づく

そうした失対日雇い労働は、当時「ニコヨン」と呼ばれていました。一日の日当が二四〇円だったことからですが、子どもたちと調べると、ほとんどの人が一カ月に一〇日前後しか仕事がなく、失業手当を含めても、世帯収入は月八〇〇〇円以下が六八％に及び、当時の京都市民一世帯の一カ月平均支出額が一万二〇〇〇円であったなかで、被差別部落の多くの人たちが半分程度の収入だったことがわかってきたのです。

そんな聞き取りをするうちに、実は自分たちの親のなかにも、毎日働きに行っているのに雇用形態が「日雇い」となっている人がおられることに気づいていきます。給料の支払いは「日給月給」として月ごとにまとめて支払われますが、「一日働いていくら」という生活であることに変わりありません。

「正社員と日雇いは何が違うのか」と、子どもたちの疑問は広がります。給料の差、ボーナスがないこと、何年働いても昇給しないこと、保険や有給休暇もないこと、おかしなことがいっぱい見つかってきます。そして、「毎日働いているのにどうして正社員になれないの?」という問いに、おじさんたちから返ってきたのは、厳しい言葉でした。

「正社員になるには試験に受からんとあかんのや……」

学習のまとめのなかで

ぼくたちのお祖父《じい》さんやお祖母《ばあ》さんは、正社員につけなかった。それは、会社から日雇いとして利用されてきた反面、自分にも学力がなかったからだと思う。学力が奪われてきたため大きくなっても正社員になれず日雇い労働者として会社に利用されてきた。会社は、日雇い労働者の人たちを雇っている方が、給料が安くつくうえに、正社員の給料も安くできる。こんなひどいことが行われていた。

子ども、孫にはそういう思いをさせたくない。他の町内の人たちと同じように人間として生きたい。差別をなくしたいという願いから補習学級が始まり、どんどん町内はよくなっている。(中略)しかし、完全に差別がなくなったわけではない。そんな差別をなくし、平等な社会を作るために、将来つきたい仕事につけるように、しっかり学習することが大事なのではないかと思う。それが、ぼくたち二四人の役割なのだから……

近年、「キャリア教育」が重視されています。たしかに、子どもたちが将来展望をもてるよう、さまざまな仕事があることを知り、自分の適性を見いだすことは重要かもしれません。同時に、「働く人の権利の保障」や「雇用における差別の問題」も、子どもたちの将来のためにしっかりと学び合うことが大切ではないでしょうか。

竹田の子守唄との再会

一九六〇年代後半のフォークソング全盛期は、ちょうど私の中学時代と重なっていました。しかも、その拠点のひとつであった京都で過ごしていた私は、ラジオの深夜放送で流れる曲に毎晩聴き入り、アマチュアコンサートに頻繁に通い、当時、自主制作レコードを会員制で販売していたURC（アングラ・レコード・クラブのこと。「売れないレコードクラブ」と呼んでいましたが……）にも入会していました。

岡林信康《おかばやしのぶやす》、高田渡《たかだわたる》、五つの赤い風船、休みの国といったミュージシャンのアルバムがリリースされると、すぐにコピーしては、中学入学と同時に親にねだり小遣いをまとめ借りして買ったギターで友人たちと演奏する日々を過ごしていました。

関西フォークと呼ばれた人々の曲は、いずれも戦争や平和、差別や貧困といった社会問題への強いメッセージ性をもったものが多く、私もそうした歌の影響を多大に受けました。それらの歌のひとつで、数多くのフォーク歌手が歌っていた「竹田《たけだ》の子守唄」が、京都の被差別部落から生まれてきた曲であることも、そのころから知っていましたが、その発祥の地である地域を校区に含む学校に自分が勤務することになるとは、当時はまったく思いもしませんでした。

竹田の子守唄の元唄との出会い

関西で歌われていたこの歌が、フォークグループ「赤い鳥」の美しいハーモニーでレコード化され、全国に広がる大ヒットとなったこと、しかし、部落問題を背景としていることから、いつしか「要注意歌謡曲」として多くのマスコミが放送を避けるようになったことなどは、私も取材に協力させていただいた森達也《もりたつや》さんや藤田正《ふじたただし》さんの著書に詳しく紹介されています*3ので、ここでは、私が子どもたちと学習するために、地元の方から元唄を聞き取っていった経過をお伝えしたいと思います。

大学時代に地域の子ども会や識字学級に加えていただいていたときから、いつか「竹田の子守唄」の元唄を聞きたいと思っていましたが、なかなか機会がありませんでした。

教員になって三年目の一九八一年、朝日放送で『そして明日は――部落差別はいま――』というドキュメンタリー番組が放映されました。なんと、その冒頭に、親しい青年のお祖母さんが、竹田の子守唄の元唄を歌っておられるシーンが映し出されていたのです。私は、その姿とともに、歌われた歌詞にリフレイン（くり返し）があることを初めて知り、たいへん驚きました。

さっそく、私は青年に問い合わせて、お祖母さんが、昼間は高齢者の方々の憩いの場となっている福祉センターで過ごしておられることを聞き、訪ねていきました。

すでに八〇歳を超えられていたその方は、まわりの方々から「おやすさん、おやすさん」と親しく呼ばれ、小柄で穏和な雰囲気を醸し出される方でした。しかし、長年の鹿の子絞りでひしゃげた爪や、手指のしわ、何より右目がほとんど閉じたままでおられることに、これまでさまざまな苦労をされてきたのだろうと推察されました。私の話を聞き取ることもむずかしくなっておられたため、センターの職員の方や、孫にあたる青年に同席してもらい、テープを持って、何度か聞き取りに伺いました。

差別の重みをすべて背負って

「おやすさん」は、一九〇〇年の生まれ。水道もガスも下水もない、共同井戸に共同汲《く》み取り便所、薪《まき》で飯を炊く、二部屋の家に親二人と子ども六人が暮らすそんな生活は、結婚されてからも続いたといわれました。とくに、衛生状態が悪いうえに、手拭いさえ使い回しだったために多くの人たちが罹患《りかん》したのがトラコーマで、やすさんも三歳で右目をわずらい、適切な治療を受けることができず、光を失いました。その後、左目にも異常を感じたけれど、「心配かけたくない、お金がかかるから」と黙っていたら、母親に見つかり、「両目ともに見えなくなったらどうするのか」と厳しく叱られて治療を受けることができたとのことでした。そのため一〇歳代半ばから左目だけで鹿の子を絞って、生活を支え、結婚し、子どもを育てる人生を送ってこられました。もちろん、学校などまったく通ったことがなく、文字の読み書きも当然できないという、まさに部落差別がもたらす厳しい状況をすべて背負って生きてこられた方でした。

守り子たちが自然に集まって

いまからわずか一〇〇年前、やすさんたち当時の子どもたちは、親たちの就労の邪魔にならないように、自分の弟や妹の子守りをしたり、近所の子どもの子守りをして、食事やお米、若干の小遣いをもらったりして暮らしていたといわれました。

「昼に一回、母親のお乳を飲ませに帰るけれど、いったん背負ったら夕方まで降ろすことない」「雨の日も雪の日もずっと背負って、時間が来るまで親元に帰すことできんかった」「守り子もつらかったけど、背中の子もつらかった」から、「背中の泣く子をあやしながら、自然と守り子がみんな集まって歌《うと》うたんや」とお話をされながら、やすさんは、思い出し、思い出し、「竹田の子守唄」の元唄を聴かせてくださったのです。

竹田の子守唄に込められた思い

「竹田の子守唄」の元唄は伝承歌です。私がお会いしたとき、やすさんはすでに高齢で記憶も定かでなく、テープを持って聞き取りに行くたびに、一番の歌詞の後半が違っていたり、また別の日には二番と三番がごちゃまぜになったりして、「いや、これと違《ちご》うたかいな、どうやったかいな」ということで何度も歌い直されるということもありました。また、明らかに歌詞によってメロディーが異なっていました。

実は、これは当然で、もともとこうした子守唄や仕事唄、民謡といったものは、きちんと譜面にして伝えられたものではなく、口から口へと口承で伝わってきたもので、その過程で次々と歌詞も増えていきます。ですから、時代を経たり、他の地域に伝わったりするにつれて、どんどん変化していくものですし、さらにいえば、同じ時代の同じ地域でも、歌い手によってメロディーや歌詞が異なることも当然で、歌詞も何番まであるのかも確かめるすべはないのです。

そうしたことをふまえ、とにかく当時、最高齢だった「おやすさん」を中心に、数人の方から聞き取れた唄をご紹介します。

労働歌としての守り子唄

この子よう泣く　守りをばいじる　守りも一日　やせるやら　どしたいこりゃきこえたか

「いじる」とは意地悪をするという意味で、言うことを聞かない子どもの守りを一日やるのは痩せる思いがするという歌詞のあとに「どしたいこりゃきこえたか」というくり返しがすべての歌詞に続きます。これが「竹田の子守唄」の元唄のシンボリックな特徴なのです。

ねんねしてくれ　背中の上で　守りも楽なし子も楽な　どしたいこりゃきこえたか
ねんねしてくれ　おやすみなされ　親の御飯がすむまでは　どしたいこりゃきこえたか
ないてくれなよ　背中の上で　守りがどんなと思われる　どしたいこりゃきこえたか

「どんな」とは、子どもの守りもまともにできない「鈍くさい子だと叱られる」という思いを歌っています。

この子よう泣く　守りしょというたか　泣かぬ子でさえ守りゃいやや
　どしたいこりゃきこえたか

ここまでの五つの歌詞でわかるように、明らかに子どもを寝かせる「寝かせ唄」や、あやすための「遊ばせ唄」ではありません。「竹田の子守唄」は、子守りとして働く子どもが、みずからに向かって歌う「守り子唄」といわれる労働歌なのです。

したたかに生きた子どもたち

寺の坊さん　根性が悪い　守り子いなして門しめる　どしたいこりゃきこえたか

地域には西教寺というお寺がありますが、とくにその住職が意地悪だったわけではなく、五時になると門を閉めますから、時間になると追い出されて行き場をなくしてしまう思いを歌っています。

来いよ来いよと　こま物売りに　来たら見もする　買いもする

どしたいこりゃきこえたか

「こま物売り」は行商のこと。一九六〇年代まで玩具やお菓子などを売り歩く方がおられましたが、同和対策事業が始まるまで、竹田の地域には、北に抜ける道が一本と高瀬川《たかせがわ》を渡って西へ抜ける橋が一本しかありませんでした。道や橋の向こうからは、決してこちらへはやって来ない……そのことを歌ったと聞かされました。

守りが憎いとて　破れ傘きせて　かわい我が子に　雨やかかる
どしたいこりゃきこえたか

守り子だからと破れた傘を渡された子どもたちは、わざと破れた箇所を後ろに向けて、おぶった子に雨がかかるようにあてつけをしたというのです。

子どもたちの切ない思いを

早よもいにたい　あの在所越えて　向こうに見えるは　親のうち
どしたいこりゃきこえたか

「赤い鳥」が歌ってヒットした曲では「この在所越えて」となっていますが、何度、聞き取っても、やすさんは「あの在所越えて」と歌われるのです。「どこにいて、どこから見ているのか」という言葉の解釈をしていくと、たしかにむずかしいと思います。しかし、言葉の定義にこだわるより、歌詞から浮かび上がるイメージを大切にしようと私は思いました。子どもたちが高瀬川の堤防に立って「家に帰りたいな」と歌っている、そんなイメージで私は聞きました。

久世の大根めし　吉祥の菜めし　またも竹田のもんばめし　どしたいこりゃきこえたか

竹田のすぐ近くの久世《くぜ》にも吉祥院《きっしょういん》にも被差別部落があります。生活に切羽詰まったとき、少ないご飯に大根や菜っ葉を入れて量を増やすのはまだましで、竹田では味も何もない豆腐の絞りかすを入れて量を増やした「もんばめし」で空腹を満たしたというのです。

足が冷たい　足袋買うておくれ　お父さん帰ったら買うてはかす
どしたいこりゃきこえたか

カラス鳴く声　わしゃ気にかかる　お父さん病気で寝てござる
　どしたいこりゃきこえたか

戦前から戦後にかけて、出稼ぎに行かれる方がたくさんおられました。工事現場を渡り歩き、飯場《はんば》生活を送る父親や、過酷な労働で体調を崩した父親を思う重たい歌詞です。

盆が来たかて　正月が来たて　難儀な親もちゃうれしない　どしたいこりゃきこえたか

「難儀な」というのは「お金を稼ぐ甲斐性《かいしょう》がない」という意味で、とくに新年を迎えても新しい肌着さえ買ってもらえないという切ない思いが歌われています。

見ても見あきぬ　お月とお日と　立てた鏡とわが親と　どしたいこりゃきこえたか

この歌詞は、もともと都々逸《どどいつ》の一節のようですが、月も太陽も鏡に映った自分の親も、何度見ても変わらないなと、人生がどうにもならないと訴えているように聞こえます。
さて、こうした地元に伝わってきた唄の意味、そこに込められた当時の子どもたちの思いを教えていただいたからには、いまを生きる子どもたちにどう伝えていくのか。何を、何のために伝えていくのか。私は大きな大きな課題を与えられた気持ちでした。とりわけ、聞き取りをさせていただいた二年後に永眠された「おやすさん」にお応えするためにも……。

竹田の子守唄を教材に

一九八三年の夏休み、地域の二六人の六年生と、竹田の子守唄を教材に学習を行いました。本当なら、子どもたちが、やすさんに直接出会って歌声を聞かせていただき、お話を伺うことができれば、と願っていたのですが、時間がなかなか合わなかったり、体調が優れなかったりで、かないませんでしたし、何よりも、時間にゆとりをもって、じっくりと学び合いたいと思って、この機会を待っていました。

まず導入で、「先生が中学生のころ、こんな歌が大ヒットしたんだよ」と、タイトルをいわないまま、「赤い鳥」のレコードで「竹田の子守唄」を聞かせることから始めました。「きれいな曲」「気持ちが落ち着く曲」という子どもたちの言葉に続けて、「実は、この曲のタイトルは……」と紹介すると、すぐさま「竹田ってここのこと?」「ここの歌なの?」という反応が返ってきました。

「そう、いまから七〇年ほど前に、この地域のあなたたちと同じぐらいの子どもたちが、歌いだし創りだしていったのがもともとの唄なんだよ」と、歌が大ヒットするまでの一連の経過を簡単に紹介し、「ここに、いまは八〇歳を超えられたお祖母さんに当時を思い出して歌ってもらったテープがあります。少し聴き取りにくいけれど、聴いてみますか?」と問いかけ、カセットレコーダーのスイッチを入れました。

無言で聴き入る子どもたち

歳《とし》を重ねられしゃがれた声で、ゆっくりと流れるテープからの歌声を、子どもたちはひと言も聴き漏らすまいと真剣でした。いつもは、じっと聞くことが苦手な子どもも、無言で聴き入っています。数分でテープが終わったあとも、子どもたちの無言は続きました。

そして、ある子がひと言、「じーんとしたわ……」。子どもであろうと大人であろうと、心が動いたときに発する言葉は、単刀直入なひと言であって、決して、こと細かな説明を加えた感想ではないのだと思います。

そのあと、歌詞を印刷したプリントを配布し、その意味を読みとっていきました。

「赤ちゃんというても、重たいのやろ」という言葉に、「そやなあ、生まれてすぐは、三キログラムくらいやけど、二歳になると一〇キログラムになるかな」といって、五キログラムの荷物を入れたリュックサックを背負ってみる体験もしました。「重たい。朝から夕方まで背負うの」「背負うだけやないで、歩きまわって、泣かんように揺さぶったり、後ろ見てあやしたり、それを毎日やで」と子どもたちの話は続きます。

「きこえたか」とはだれに向かって？

歌詞の言葉の意味や、私が聞き取ってきた当時の様子、ひとりが一番の歌詞を歌ったら、七七七五に言葉をのせて、だれかが次の歌詞を歌うことで、これだけの唄が創られてきたことも伝えながら、歌詞から浮かんでくる情景を子どもたちが話し合っていきました。

「つらくて、しんどかったと思う」

「学校に行きたかったと思う」

「でも、みんなで集まって、楽しんでいるところもあったと思う」

「お寺のお坊さんや、こま物売りの人や子どもの親に対して、やーいと言ってるようや」

「つらい、いややだけやない」

「そんな気持ちをもって、みんなでこれだけつくってきはったのはすごい」

と、話が進んでいき、「どしたいこりゃきこえたか」をめぐる意見になりました。

「『どうやこの唄、聞こえるか』って、だれに向かって言っているのやろう？」という私の問いかけに、「そら学校の先生やろ」「何の苦労もせんと学校に行っている子にや」から、「世の中の人すべてだろう」と意見が進んだところで、私が「世の中すべてって、いつの時代の?」と問いかけると、「昔だけやなくて、いまの世の中の人みんな」「私らもふくめてみんなに、こんな思いをしていた子どもがいたことを知ってほしいと思ってはったと思う」という意見にまとまっていきました。

私はこの学習を進めるなかで、子どもたちが、「やすさん」に直接お話を聞けず、テープの歌声を通して出会ったことで、結果的には、おひとりではなく当時のたくさんの子どもたちの姿を頭に浮かべ、いまの自分に引きつけて受け止めることができたのではないかと思いました。

子どもたちから私が学んだこと

近年、各地で「子ども会活動」や「地区学習会」が存続できなくなったり、保護者や教員の世代交代が進んだりしたことで、被差別部落の子どもたちに「だれが立場を伝えるのか」といった論議が人権・同和教育の研究大会などで行われています。

極端な意見と思われるかもしれませんが、私はこうした論議を聞くたびに、「立場を伝える」とは、具体的に何を子どもたちに話すことなのだろうか、「あなたは、差別を受ける部落の子どもだ」ということなら、それはまったく違うのではないかと、思ってきました。

「水害との闘い」「鹿の子絞り」「日雇い労働」、そして「竹田の子守唄」と、子どもたちとともに自分の暮らす地域について学習してきたことをお伝えしてきましたが、ほかにも明治初期に祭礼権獲得をめぐって闘われた「御輿《みこし》騒動」や、明治後期に自主設立された「改進《かいしん》夜学校」、近年の設立要求運動のなかから開設された「学童保育所」など、いくつもの教材を子どもたちと学び合ってきました。

私は、「自分たちが生まれ育った地域の人たちが、どんな暮らしのなかで、どんな生き方をしてこられたのか」を、具体的な事実を通して学んでいくことこそ、子どもたちが自分はどう生きるのかを学ぶ解放教育の核心だと思っています。

＊1　本村　多くの被差別部落は本村の枝村としておかれていた。私の学校の地域も同様であった。

＊2　ヨイトマケの唄　美輪明宏《みわあきひろ》がみずから作詞作曲した一九六六年のヒット曲。幼少時、母親が日雇い労働者であることから、いじめを受けた友人をモデルとした歌。

＊3　森達也『放送禁止歌』二〇〇〇年、藤田正『竹田の子守唄　名曲に隠された真実』二〇〇三年。ともに解放出版社。

Part 3

本当の思いを伝えたい
みずからの立ち位置を問われて

初めての全同教報告で突きつけられた言葉

地域で子どもたちの自主活動を始めたこと、子どもたちが進めた学習の経過を述べてきましたが、これらはすぐさま順調にとりくめたわけではなく、私にとっていくつもの転換点がありました。

教員となって二年目の一九七九年、福岡で開催された「第三一回全国同和教育研究大会」の自主活動分科会で、報告の機会を与えられたことも、大きな転換点でした。その前年に初めて参加した第三〇回東京大会では、一万五〇〇〇人もの参加者数にも驚きましたが、マイクを取り合うほど、語りたい、伝えたい、届けたいという熱気にあふれた参加者の熱い思いとパワーに、私は圧倒されていました。

ですから、「全同教大会で実践報告を」といわれたときは、正直、「やるぞ」という意欲より、「あの雰囲気のなかで話せるだろうか」という不安でいっぱいでした。そんな不安を抱えながら、報告資料を五〇〇部印刷し、登山用リュックサックに入れて、福岡に向かいました。本当に稚拙《ちせつ》な報告だったと自分でも思いますし、何より、「子どもたちの自主的な活動」といいながら「指導してやっているのは自分」、「生活を見つめるとりくみで子どもたちが変わっていった」といいながら「そうできたのは自分の力」という「傲慢《ごうまん》な姿勢」が、いやらしいほど如実に表れている報告でした。

「あんた自身はどうなんや！」

そんな私の姿を、当時の参加者の方々が見逃されるはずがありません。

「あんたの報告、何が言いたいのかわからん」「子どもをあんたの思うように動かしているだけ」「いったいどんな子どもを育てようとしているのか」「あんた自身は何を学び、どう変わったのか」などなど、質問というより、批判が次々に飛びかかってくるような状態でした。それでも何か答えなければなりません。

しかし、いくら言葉を重ねて言いつくろっても、問われていることの本質がわかっていないのですから、空疎な応答では参加者のみなさんが納得されるはずもありません。「この場から逃げ出したい」。それが私の本音でした。

何とか持ち時間が終わり、席に戻ろうとしたとき、地元福岡の方が、「あんた、まだまだ若いんやから、これからムラの子のためにがんばってや」と励ましの言葉をかけてくださいました。全同教（全国同和教育研究協議会＝現・全国人権教育研究協議会）の役員の方からは、「ここはできあがった実践をきれいに披露するところではない。全国の人に教えてもらう場だから、今回の経験を大切にして」ともいわれました。

帰りの新幹線で

疲れ切って乗った帰りの新幹線では、眼《め》を閉じて眠ろうにも、いろいろなことが浮かんできました。「報告なんてするんじゃなかった」「なんで、あそこまでボロカスに言われなあかんね」「地元では、こうしたとりくみしかできないそれなりの状況もあるのや」といった不満でいっぱいでした。

でも、ひとつの言葉がずっと心に引っかかっていました。それは、「おまえは、どの位置から部落問題と向き合っているのか」と問われた「立ち位置」という言葉でした。

学生時代から部落解放運動に出会ってきたから、「部落問題はわかっている」「自分は差別と闘っている」と思いあがっている自分がいたこと、そして、「子どもたちに正しく教える」「子どもたちを正しく行動させる」という結果だけを求め、「正しく間違わない教員が、知らなくて間違う子どもに教える」という「立ち位置」で行動していたその「傲慢さ」が、福岡の地で問われたことだったのです。

そうではなく、「自分はわかっていない」「自分は間違っているかもしれない」、「だから、差別をしてしまうのだ」というところから出発し直すことで、「子どもたちとともに学ぶ」「子どもたちから学ぶ」という姿勢の大切さを知り、これまで紹介してきた地域での自主活動と地域の歴史を学び合う学習をさらに深く進めていく契機となりました。

すべての子どもたちの活動へと

地域での活動は、スポーツ大会からハイキング、登山、四年後にはキャンプ、そして六年後には、高学年の二泊三日の本格的キャンプ、低学年の一泊二日の宿泊学習へと、どんどん広がっていきました。計画立案から準備、事前学習まで子どもたちが中心となって行ってきました。そうした活動によって集団の質が確実に高まっていくことが、全教職員の共通理解として広がっていくと、八年後には、学校行事として、四年生は一泊二日、五年生は三泊四日、六年生は五泊六日の自然教室に、学校全体でとりくむことになっていきました。しかし、こうしたなかで、再び私たちが問われるできごとが起こりました。

「うちらの町内の人、みんなのことやろ！」

一九八五年一〇月、六時間目の運動会の学年練習を終えたナオキとアキトが、私のいた同和部室に飛び込んできました。この年、私は学級担任ではなく、同和教育専任教員として、地区の子どもたちの教育課題の解決に向けて担任と連携して、家庭や地域との連携を図る役割が課せられていました。おもに高学年の担当であった私に、ナオキが息を切らせながら、「先生！いまな、アキトがな、『おまえらの町内は怖いわ』って言われよったんや！」、その言葉と同時に数人の女の子たちも駆け込んできました。

「おかしいやん」と訴える子どもたち

興奮しながら話す子どもたちの話を聴いた私は、わざと「それで…」と聞き返しました。すると、これまで学習会にも遅刻しがちで、話し合いにも決して積極的ではなかったミチコが、真っ先に「先生、なんでそんな落ち着いてられるの？　腹が立たへんの？」と、私に詰め寄ってきました。「アキトが言われたのは、うちらの町内の人、みんなのことやで」「うちのお父ちゃんやお母ちゃんや、近所のおばちゃんや、みんなのことを『怖い』っておかしいやん」「なんでそんなこと言われなあかんの」と、子どもたちは次々と怒りをぶつけてきました。

子どもたちの怒りは当然です。言葉は使わなくても、これがまさに被差別部落に対する偏見であり「差別」だと受け止めて、憤っているのですから、私はその鋭いとらえ方と、学年の仲間たちに素早く伝え、怒りを共有する動きに感激もしました。

それでも、あえて「それで、みんなはどうしたいの？」と問い返しました。

「悪かったとあやまってほしい」

「アキトにあやまるだけでなく、みんなにあやまってほしい」

「言った人だけでなく聞いていた人もいるし、そんなふうに思っている人はほかにもいる」

「全部のクラスの終わりの会で、このことをみんなに話して、おかしいと伝えたい」

あっという間に子どもたちの行動が決まっていきました。

私は、「わかった、それぞれのクラスで、みんなにわかってもらえるようにしっかり話しや。でも、それだけでは終われることやないから、今日の学習会でもう一回、みんなで話をしよう」といって教室に向かわせるとともに、大急ぎで、四人の担任のところに向かい、各クラスでの終わりの会が始まる前に、いきさつを伝えました。

学校が変わり、地域が変わるために

四人の先生は、腰を抜かさんばかりに驚かれました。それは、これから各クラスで地域の子どもたちが問題を提起することへの驚きでした。そのとき、教員である自分は、どう答えたらいいのだろう、クラス全員に対して何を語ったらいいのだろうという戸惑いが、驚きとなって表れたのでした。

なぜなら、それまで全児童の二〇％以上が被差別部落の子どもであり、地域での学習会を連日のように行っているにもかかわらず、校内では、部落問題を直接的にとりあげた学習はまったく行っていなかったからです。当然、子どもたちは「なぜ、地域の子どもたちだけ学習会があるのか」という疑問から、「あの地区の子どもは自分たちと違う」と認識していました。だからこそ、今回の発言が出たのですが、しかし、学校としてはそれにふれない、公にしてはならないことのようにされてきたのでした。

もちろん、そこには地域だけでなく、校区全体にさまざまな問題がありました。しかし、子どもたちの告発をしっかりと受け止めなければなりません。四人の先生は、とにかく、地域の子どもたちの怒りをしっかりと受け止める姿勢で、終わりの会に向かわれました。

子どもたちは、それぞれのクラスで、実に落ち着いて、「偏見」であること、その「偏見」に腹が立ったこと、そして、そうした考えは間違っていることを訴えました。

各クラスで語る子どもたちの様子を見ながら、校区に存在する差別を克服していく第一歩が、遅きに失したけれど今日であることを子どもたちが教えてくれたと、私は感じていました。それに応えていくために、学校全体で部落問題学習を一年生からしっかりと組み立てて確実に実施していくとともに、これまで「啓発」と呼んできた保護者への働きかけについても、抽象的一般的なものではなく、この校区の、この学校の、このクラスのなかにある問題を真正面からとりあげて進めていく動きが、ここから始められたのでした。

こうして、六年生の社会科歴史学習での部落問題学習につなげるために、低学年からの「カリキュラム」作成にとりくみはじめました。しかし、同じ学校の同じ教室のなかに、その差別を受けてきた地域の友だちがいるのに、それにふれることなく、ただ教科書や教材にそって学習を進めているのは「教員としてどうなのか」と、自分たちの姿勢が問われていったのが、ちょうど私が二度目の六年生を担任したときでした。

「なんでお姉ちゃんがこんな目に……」

腫れ上がった顔で帰ってきたお姉さん

夏休み前の夜、ユウタの家庭を訪問し、ご両親と話していたときでした。

突然、玄関のドアが開いたかと思うと、部屋のなかに、女性が飛び込んでこられ、激しく泣き出されたのです。覆った手の指の間から見える顔は、赤蒼《あかあお》く腫れ上がっています。ユウタのお姉さんでした。

「どうしたんや！」というお父さんの問いにいっそう激しく泣かれるお姉さんを前に、私はここにいていいのかと思いました。しかし、まもなく、お姉さんは、「親がどう言おうと結婚する」という言葉を信じていっしょに過ごしていた彼と、些細なことでけんかとなったことを語られました。そして、言い負かされた彼から、最後の最後に、「おまえみたいな……」と、とうてい許すことができない言葉を発せられ、怒りがこみ上げ、泣きながら抗議すると殴られ、もう我慢できないと帰ってきたというのです。

それを聞かれたお父さんは、「何を！　いますぐ行くぞ！」と立ち上がられました。それに対してお母さんは、「待って待って、いまあんたが怒鳴り込んだら、やっぱりと言われるだけやんか。落ち着いて、落ち着いて」とすがるように止めながら、お姉さんを抱き締められました。

その様子を声も出せずに見ていた私が、はっと気づくと、部屋の隅でユウタが泣きじゃくっていました。「ユウタ」と声をかけて抱き締めると、「先生、なんで、お姉ちゃんがこんな目にあわなあかんね、口惜しい！」、ユウタの精いっぱいの言葉でした。

「〝やっぱり〟と言わしたらあかん」

ユウタのご両親の許可も得て、まずは、ユウタの思いを地域の子どもたちと共有するために、学習会をもちました。ユウタは、そもそもお姉さんが相手の親に結婚を反対されていたこと、そして信頼していた彼から、激しい差別の言葉を浴びせられて帰ってきた様子を語り、「なんで、この町内に生まれたというだけで、こんな目にあわなあかんのか、どうしたらいいのか、みんなの意見が聞きたい」と訴えました。

「なんやねん、それ！」と叫ぶ子ども、「差別されて黙ってないで言い返さはったお姉さんはすごい、それに対して暴力をふるうなんて許せない」「みんなで抗議しに行かな」「警察に訴えたらいい」、次々と意見が出るなかで、「お母さんは、絶対に幸せになると心に決めて家を出たといつも言う」と、語りだした子どもがいました。自分の母親が結婚に反対され、家を飛び出してこられ、いまだに母方の祖父母と出会ったことがない子どもでした。

「お父さんは、自分たちは何も悪くない。悪いのは差別する人間や。でもな、『ああやっぱりあの町内の人間は……』と言われたら悔しいやろ。そやし、絶対に幸せな家庭をつくって、反対したことが間違っていたとわからせるんやと言うたはる」

自分たちの仲間のお姉さんが受けた差別に対してどうしたらよいのか、結論が出ることではありません。でも子どもたちは、「いま」「ここ」で差別が現存していること、そして、そのなかを自分も生きていくことを考え合い、「差別があっても負けないで生きていくためには、自分がしっかりしないと」「『この人でなければ』と言われるような力をつけたい」、こんな言葉でこの日の話し合いは終わりました

思いを語り、思いを返す「生き方宣言」

転校してきた時、男の先生がそばに立たれるだけで身体が硬くなりました。それは、お父さんにいつも殴られてきたからです。お母さんはもっとひどい暴力を受けてきました。いま、お父さんと別れて、お母さんと一緒にこの学校に来てよかったと思っています。

私の叔父さんは、話すことも歩くこともできません。いつも家の中で過ごしているので、夕方、車椅子で一緒に散歩するのが私の毎日です。そんな私たちを、じろっとした目で見て、道をさけて通る人たちがいます。私は、『散歩なんか行きたくない』と思ったこともあります。でも、おかしいのは、そんな目で見る人の方なんだといまは思います。

社会科での部落問題学習と並行しながら、学級では、二学期後半から「クラスの友だちがいまどんなことを思い、これからどう生きていこうと思っているのかを、中学校に行く前に互いに語り合おう。語ってもらったことには、必ずきちんとボールを投げ返そう」と話しかけ、「生き方宣言」と位置づけて、学習を進めてきました。

「心に残ったこと」というタイトルの日記や、授業や話し合いのたびに必ず半分に折って集める感想カードから、私は、書かれた言葉を拾い、ひとりひとりと話し合って、「このこと、みんなにも考えてもらおうよ」「ぜひ、みんなに教えてよ」といった働きかけをするなかで、冒頭のように子どもたちが語りはじめました。

「いまこそ、みんなに知ってほしい」

私は、「部落問題学習の到達点は、地域の子どもたちの思いを学級すべての子どもたちが共有できること」と考えてきました。それに向けて地域の子どもたちには、「地域の歴史や闘いを学ぶ」ことをさらに深めつつ、学級全体では、「自分の本当の思いを伝えられる学級づくり」を進めるよう努めました。

こうしたなかで、地域の子どもたちも、「中学に進む前に、みんなに自分たちの思いを伝えたい」という気持ちが強まりました。そこで、「どのようにして伝えていけばいいのか」を話し合い、いままで調べて学んできた地域の歴史と差別の現実、そのなかでのいまの思い、これからの思いをまとめ、それぞれのクラスで語っていくことを決め、準備を進めました。同時に、私たち教員はそれぞれの家庭を訪ねて、子どもたちといっしょに思いを伝えて保護者の意見をお聞きしました。

「この子が、こんなことを言おうとしているなんて立派になったなあ」「六年間いっしょに過ごしてきた友だちに、差別の問題をしっかり考えてもらういい機会や」と、賛成してくださる方もありましたが、一方で、「わざわざそんなこと言う必要はない」「言うことで、よけいに差別を受けないか心配や」と、いわれる保護者もありました。

でも、最後には、子どもたち自身の、「みんなに知ってもらいたい」「みんなの前で言いたい」という言葉に、「先生にまかせる」という意見をいただき、部落問題学習で「現代の課題」を学ぶこととあわせて、自分たちの思いをまとめて話す時間をもつことになりました。

「小学校の中で一番大きな勉強だった」

学習会にいっているわけも理解せず、勝手なことばかり考えていた。ぼくたちに言えなかったのは、ぼくたちの責任であり、理解してくれるのかなという不安があったからだと思う。今日の一日は、差別の本当の意味を理解するためにあったと思う。僕たちは、差別をしないいし、なくしていくというのが大人になっていくまでの課題だと思う。これは、小学校の中で一番大きな勉強だった。（ハジメ）

地域の子どもたちが、自分たちの思いを語ったことに、クラスの子どもたちがこうした言葉を返し、さらに地域の子どもたちも返していく時間を過ごしました。

今日みんなに話して私は、言っていることとやっていることがちがうなどという意見は持ってほしくないし、またそんなことを言わせてはいけないと思います。みんなわかってくれていると思う。生活、勉強、仲間との関わりを大事に一緒にがんばっていきたい。そして「この人なら」と言われる人になりたい。……中学へ行っても、大人になっても絶対に差別に負けず差別をなくしていくためにがんばっていきたい。（リサ）

ここでは紹介しきれない全員の感想を、いまも私は大切に持ちつづけています。なかでも、次の学習に続くとても大きな提起をしてくれたのは、ダイスケでした。

ともに差別をなくす仲間として

子どもたちの「生き方宣言」のなかで、「はっきり言って、ぼく自身にも必ず差別されるだろうと思う理由があります」と言葉を返したのが、ダイスケでした。彼はすぐ私のところにやってきて、「先生、次はぼくが話したい」といってきました。

彼は在日コリアン。一九八〇年ごろは本名を名乗って暮らす人たちも少しずつおられましたが、先に紹介したチエさんのように、本名で学校に通えるような状況を、私はつくれていませんでした。

「わかった。まずクラスのみんなに伝えたいことをまとめてみよう」と投げかけて、思いを綴ることをうながしました。そして、まとめてきた文章を持って、私は彼の家庭を訪問し、お母さんと話すことにしました。

ダイスケが見せた文章を読み終えられたお母さんは、落ち着いた口調で、こういわれました。

「テウ、そこにちゃんと座り、先生もしっかり聞いといてや。テウなあ、お父さんもお母さんも、朝鮮人であることを何も恥じたことはない。むしろ、この国でがんばって生きてきたことを誇りに思っているし、無理やりつけられた通名が好きなわけでもない。でもな、私ら朝鮮人が本名で呼ばれるときってどんなときや、何か悪いことして新聞に載るときだけ、わざわざ書かれるのと違うか。テウ、おまえがみんなに朝鮮人やと言うのやったら、これから絶対に、私たちの民族が恥ずかしい思いをするような生き方をしたらあかんで。それだけは覚悟しいや」

ダイスケは神妙に聞いていましたが、私は、このお母さんの言葉はテウに向けられたものでなく、「先生、あんた、テウにこれだけのことを言わすのなら、それだけの責任をもつ覚悟があるのやろな」という、私に対する鋭い指摘だと感じていました。

本当に私にその覚悟があるのか。とりようがない責任がともなうことを、すでに子どもたちに求め、いままたテウに求めている。教員としての自己満足でこんな学習をしているのではないと、本当に言い切れるのか。私は、何度も自分に問いつづけていました。

響きあう子どもたちの思い

ぼくは、日本人ではありません。戦争のとき、日本に連れてこられた朝鮮人のお父さんとお母さんの子どもです。だから、本当の名前は、テウです。いまは、ダイスケのままでみんなに通しています。家では、いつも『テウ』って呼ばれています。『テウってだれや』と聞かれて、本当のことを言った人もいるし、ごまかしてきた人もいました。これから、どんなことがあるかわかりません。でもいまなら、みんなにわかってもらってもいいと思います。それはいま、クラス全体がしっかりまとまっていて、みんながひとりひとりのことや、自分の将来について話し合っているし、とても信用できます。

テウが語りだしました。

でも、これから中学へ行き、社会へ出たときのことを考えるととても不安です。ぼくが、差別されたりしたとき、ぼくはどうしたらいいでしょう。でもいまいる身内の人も、朝鮮人として暮らして生き抜いてきた人たちなのだから、そういう人たちに聞いたりして、そのときによって、がんばってみたいと思っています。いまは、やっぱり将来、しっかり生き抜くために、勉強をしっかりやって、尊敬される人になっておかなければいけないと思います。それと、いまできることは何でもやって、子どものうちにいろんな体験を重ねておきたいです。これまでもクラスのみんなが、仲間に、ひとつになるために、どんな小さなことも見のがさず話し合ってきました。本当にこの小学校に来てよかったと思います。卒業まで、あと八〇日、それから中学校へ、みんなといままで以上に仲間で生きていきたいと思います。

テウの言葉に子どもたちが返します。

「ぜったいに差別に負けない」

私は、今日テウくんの本当の思いを知りました。私も同じ立場です。私、そして八人の仲間が町内のことを勉強し、いろんな思いを持っていたとき、テウくんも苦しい思いやいろいろな思いを持っていたと思います。私たちはいま、同じ立場です。私は、将来結婚や仕事などで差別を受けるかもしれません。でも、ぜったいに差別に負けたくないし、差別をなくしたいです。そのためには、もっともっとがんばって立派な人間にならなければならないと思います。テウくんも不安はあるだろうけれど、ぜったいに差別に負けない気持ちを持っていると思います。中学に行っても、高校へ行っても、いっしょにがんばっていきましょう。（トモミ）

クラスの子どもたち全員が、だれひとり目を背けることなく、聞き漏らすまいと真剣に話し合う場に身を置きながら、私はこの空間がこの場だけにとどまらず、これから子どもたちが生きる社会すべてが、こうであってほしいと思うとともに、この子たちのこれからに、私も限りなくかかわりつづける責任を感じていました。

卒業生から届いた手紙

小学校時代の学習会で学んだことは、私の心の「たからもの」です。「将来のことを考えて、いま、しっかり学習する」。この言葉をいつも頭においてがんばって勉強しました。机に向かう習慣をきっちりつけることができました。そして、「私たち二四人の仲間の一番大事な学習」、自分たちの生まれ育った町内を知り、町内を調べて「差別」という学習をしました。その中で、調べたことをまとめたり、生活のことなどを話し合ったりして、仲間の大切さも知ることができました。厳しく叱られたこともありました。涙を流した時もあったけれど、いま考えると、本当によかったと思います。

小学校を卒業する時に、「中学校に行ったら仲間との結びつきをもっと強めたい」と思っていました。しかし、いまは、小学校の時のように仲間づくりがうまくいかず、このままだったらいけないと思うことがあります。学習会の仲間もクラスがバラバラになり、誘い合うこともなくなりました。みんなが流されていくようで不安です。中学校でも、道徳の時間などに人権のことを学習します。だけど、四つの小学校が集まり、人数が増えて、思うように人権のことをわかってもらうことができません。何もできる力のない自分が時々悲しくなります。同じクラスに地域の仲間がいてくれたらなあと思います。

差別というものは、差別する側とされる側がいた時に生じます。中間というのはないのです。「自分は、差別なんかに関係がない」と言う人は、差別する側にいるということです。私は、部落問題に関しては差別される側という立場ですが、差別は他にもあります。部落差別以外の人権問題で、自分はどっちの立場に立ってその差別を考えていけているのか、知らないのなら、本当の事実を知らなくてはいけません。そして常に、差別する側の考えや行動をしていないか、他人の痛みを自分の痛みとして感じとれているのか、そういうことを心に思っていなければならないと考えるようになりました。

町内から日本、世界中へと視野を広げていきたいと思っています。これは、私の今の、そして将来の目標です。将来の仕事は、自分が小さかった頃お世話になった医学関係の仕事につきたいと考えるようになりました。そして、その仕事につきながら自分の思いを文章にして、町内の役に立てればと思います。

小学校生活をふり返り、私はこの学校の生徒だということをうれしく思います。こんなにも深く考えることを教えてくれた学習会をほこりに思います。中学生として、もっともっと町内のことを考えがんばっていかなければ、私はこの町が好きだから……。（ナミ）

五月、中学一年生になったナミから突然届いた手紙に、私は素直に感動しました。小学校で学び合ったことをしっかりと心にとめて、いや、それ以上にたった二カ月で、より深く物事を考え、自分の生き方を模索している文章からは、私が及びもしないところまで成長した彼女の姿がありました。「学ぶこと」「仲間とつながること」「生き方を見いだすこと」をめざす同和教育の実践は、教員を乗り越えていく子どもたちを育てていくのだと思えました。その一方で、彼女たちを取り巻く状況への不安も感じていました。

「私が悔しかったのは……」

「なあ、おまえ知っているか……」

中学校では四つの小学校が集まり、思うように人権のことを理解してもらうことができないと、中学生になったナミから届いた手紙に記されていた言葉から感じていた不安は、翌年、たいへんなできごととなって現れました。

それは、次学年の子どもたちが中学校に進学した四月のまだ間もないときでした。同じように部落問題を学び、「差別に負けない、許さない生き方を」と、思いをもって中学に進んだ女の子が、休み時間に突然、後ろの席のほかの小学校から進学してきた男の子に、声をかけられました。

「なあ、おまえ知っているか。この中学校には、国道の向こうの怖いところから通ってきてる奴《やつ》がいるんやで、泥棒や人殺しがいっぱいいるところなんやぞ……」

女の子は、一瞬、頭のなかが真っ白になったものの、怒りに震え、「私、そこから来てるんやけど、何なんそれ！」と鋭く言い返しました。そして、二人の子どもの間で、激しく言い争いが始まったのです。まわりの子どもたちは、彼女のあまりの剣幕《けんまく》に、あわてて教員を呼びにいくとともに、小学校のとき、彼女と同じクラスだった女の子が止めに入りました。駆けつけた教員が事態を把握し、すぐさま問題の整理に向けてとりくみが始まりました。当然、小学校にいた私にも連絡が入り、関係者が集まりました。

「おじいちゃんから聞いた」

まず、この発言をした男の子から聞き取りが行われました。彼は、中学校に進学するにあたって、「おじいちゃんから聞いて、気をつけなあかんと思っていた」「前の席の女の子が、おとなしそうで真面目そうだったので、教えなあかんと思った」と答えたのです。そして、「小学校で、差別のことについて勉強なんかしてこなかった」とも語りました。

ナミの手紙にもあったように、当時、この中学校には、四校の小学校から子どもたちが進学しており、一学年だけでなんと一三～一四クラス、生徒数は六〇〇人以上にもなります。小学校四校のうちの二校には地域の子どもたちが在籍していましたが、私の小学校からは二十数人、もう一校からは一〇人ほどの進学で、中学校では人数からして「マイノリティ」になってしまいます。そしてほかの二校では、部落問題学習は、ほとんどとりくまれていなかったのが現実でした。

「あの子は知らないのだから」

ところが、「ショックやったやろう」「腹が立ったやろう」「よく言い返したなあ」、そんな言葉をかけようとした私たちに、彼女は、まったく違う思いを語りました。

「言われたときは本当に腹が立ったし、許せんと思ったけれど、いまは、あの子は本当のことを何も知らなかったのだし、教えてもらっていないのだから、教えてあげたらいいと思っている。でも、私が悲しかったのは、小学校のとき、いっしょに差別について勉強してきて、いっしょに差別をなくしていこうと話し合ってきた友だちなのに、私が怒って抗議しているときに、『やめとき、やめとき、そんなこと気にせんとき』と言って止めにきたこと。どうして、私といっしょに抗議してくれなかったのか、そのことのほうが、私は悔しい」

勢い込んで向かった私は、彼女の言葉に頭をガツンと殴られた思いでした。

彼女の提起を受け止めるには

もちろん、この事態を受けて、「部落問題学習は、部落を校区に含む学校だけがとりくめばよい問題ではなく、むしろ校区に含まない学校こそがしっかりとりくまなければならない」ということがあらためて明らかになり、中学校区での学校間連携、校種間連携のあり方の見つめ直しが進んでいくことになりました。

しかし、もっとも大きな問題は、「どの学校よりも進んだとりくみをしていた」と思い上がっていた私の学校の実践がどうだったのか、ということでした。

激しく言い合う友だちを見て止めに入った子どもが発した言葉に、悪意はまったくありません。むしろ傍観しているより行動した勇気は認められるべきです。

しかし、「気にせんとき」という言葉が、差別に対して必死で闘っている当事者にとって、どのような意味をもつのか。彼女の「悔しかった」という言葉は重いものでした。

「ともに差別をなくす」と語り合ってきた子どもたちが、「差別されても気にするな」というメッセージしか発することができなかった事実は、私たちのとりくみにとどまらず、私たちの教育への姿勢、部落問題に向き合う姿勢をも問い直すことを求めました。

出会いは残念なことから始まったけれど

一本の電話から

学校間の交流は、突然のできごとから始まることもありました。

一九八七年六月の夕方、一本の電話が学校にかかってきました。それは、本校に隣接する校区内に開校されていた朝鮮初級学校の校長先生からで、「本校の児童が、下校途中にあなたの学校の子どもたちから、心ない言葉を言われたと戻ってきました。貴校の帽子をかぶっていたそうですから間違いないと思うのですが、確認していただけますか」といった趣旨の申し入れでした。

電話を受けた校長は、すぐさま初級学校に教員を向かわせる一方、私には、子どもたちが出会ったという場所を確かめてくるよう指示しました。当時の私は、すでに在籍一〇年を迎えつつあり、やんちゃな中学生たちを追いかけるために、トライアルバイクに乗って、校区だけでなく近隣の隅々まで走り回っていましたから、こんなときには適任だったのです。

連絡のあった場所に向かう途中で、五年生の男の子三人と出会いました。その場所は、一人にとってはたしかに下校方向ですが、あとの二人はまったく逆方向の子どもでした。

私は、「おっ、こんなところで……これからどこへ遊びに行くの?」と話しかけました。「友だちの家」と答える彼らに、「さっきだれかと会わなかった?」とさらに尋ねました。すると、「朝鮮学校の子と会った」「うん、それで?」「こっちをにらみつけたから、言い合いになった」と答えるのです。「それで、どうなったの?」「『うるさい、朝鮮人のくせに』と言った」と、あっさりと経過を語ったのでした。

「その言葉はどうかなと先生は思うよ。いっしょに学校に帰って、ゆっくり話を聞かせて」と、三人を連れてバイクを押しながら、学校へと戻っていきました。

これまでふれずにいた私たち

友だちの家に遊びに行く途中で、朝鮮初級学校の子どもたちと出会ったこと、目が合ったことを「にらまれた」と思ったこと、「何、にらんでいるの?」「別に」「なんか文句あるの?」と言い合いするなかで、「朝鮮人のくせに」という言葉を発したことを、三人の子どもたちは素直に認め、「朝鮮人のくせに」という言葉が、相手個人を蔑《さげす》むだけでなく、在日朝鮮人の方々すべてを侮蔑し差別した発言であることを諭《さと》し、保護者にも連絡して、初級学校に謝罪に行くことになりました。

しかし、問題はこの三人にあったのではありません。隣接する校区に朝鮮初級学校があることは、自明のこととして私は認識していました。それだけではなく、私が勤める小学校の全校生徒約七〇〇人のなかには、約一三〇人の被差別部落の子どもたちとともに、約六〇人の在日コリアンの子どもたちが在籍していました。

自分が担任した子どもたちには、家庭を訪問し、それぞれ保護者の民族や本名に対する考え方や、子どもの将来についての期待や願いをお聞きし、それに応えながらも、自分なりに学級内で子どもたちの立場性を相互に学び合うとりくみをしてきてはいました。

ただ、それぞれの家庭がおかれている社会的状況によって、「民族的アイデンティティ」は多様です。ですから、校区内に居住されながら、本校ではなく、民族教育を求めて、朝鮮初級学校を選択して登校している子どもたちがいることも知っていました。

しかし、私はそのことについてふれることすらしてこなかったのですから、子どもたちが、「無知」ゆえに差別発言をしたことは当然の結果です。

子どもたちの笑顔が関係を築く

いくら学校で、在日外国人の方々の人権問題を学習し、学級のなかで在日の子どもたちへの教育にとりくんでいても、すぐ近くにあり登下校では子ども同士がすれ違っているにもかかわらず、朝鮮初級学校の存在にふれることを、なぜしてこなかったのか。「いろいろな考えの保護者がおられるから」と言い訳してきた私たち教員の意識の根底には、国家間の政治的関係からつくりだされたバイアスがあったことは明らかです。

私たちは、三人の子どもたちと朝鮮初級学校に伺いました。子どもたちが素直に謝罪しただけではなく、この子たちの差別発言を生み出したのは私たちであることを、心から謝罪しました。そのとき、初級学校の校長先生は、「出会いは残念なことから始まりましたが、ぜひこれからいろいろと交流できたらいいですね」という言葉を下さいました。

このことを契機に、朝鮮初級学校との交流が始まりました。はじめての交流は、サッカーでした。ともに課外のサッカークラブの子どもたちどうしの交流試合でしたが、初級学校の子どもたちの巧みなプレーに、私の学校の子どもたちはまったく歯が立たず、みごと惨敗。でも、「すごいわ」という言葉が思わず出たほど、勝ち負けではなく、ともにボールを蹴り合ったなかから、さわやかな笑顔と握手が交わされました。

以降、学習発表会に特別出演してくださり、美しいチマチョゴリの舞踊に参観の保護者からも大きな拍手が送られたこともありました。本校からは、吹奏楽クラブがお伺いし、演奏させていただくことも、夏には本校のプールへ水泳学習に来られるなど、交流は続きました。国家間の関係がどうあろうと、子どもたちの「すてきなものはすてきだ」という思いは普遍的です。私たちの原点はそこにあったはずでした。

「無知」を克服し、未来への一歩を

広がった交流と朝鮮学校の現状

朝鮮初級学校との交流は、私が勤める学校だけがとりくんでいたわけではなく、すでにいくつかの学校がさまざまな交流をしていましたし、その後も交流する学校が続々と増えていきました。

おりしも一九九〇年代半ばからは、「人権教育」が提起され、同和教育で培ってきた権利を保障する実践をすべての人権課題に広げていこうとしていた時期でもありました。

加えて、朝鮮初級学校は「各種学校」扱いであるため、公的補助は一切なく、在日同胞の方々の支援によって、ようやく存続できている状況でしたから、教育活動にさまざまな制限がありました。狭い敷地に二棟の小さな校舎、運動場もプールもなく、開校当初から、行政や近隣住民の承諾を得て、向かいにある市管理の児童公園を体育や部活動、さらには近隣住民も参加されたバザーなどでも使用しているという状況でした。

交流を通して、そんな厳しい状況を知るにつれ、憲法で規定されている「等しく教育を受ける権利」の主語が「すべて国民は」とされていることの問い直しが求められ、私たちに「何ができるのか」を考えることを突きつけました。

サッカーの交流試合を本校で開催した理由も、夏の水泳学習に本校のプールを活用していただいたのも、こんな背景があったからでした。そして、さらに中学校体育大会に、朝鮮中級学校が参加できるようにと、働きかけが行われたり、全市規模での「民族の文化にふれる集い」が開催されたりするようになっていきました。

匿名の電話からじわじわと

しかし、いわゆる「拉致被害者問題」が一九九七年ごろから明らかになってくるにつれて、朝鮮学校との交流に対して、批判する声が聞こえるようになってきました。

それも公の発言ではなく、たとえば初級学校に交流に行く計画を発表したとたんに、「そんな恐ろしい学校に子どもを連れていくなんてとんでもない」「もし、連れていった子どもが拉致されたらどうするのか」など、「無知」なるがゆえに、ありえないことを挙げ連ねる匿名電話がかかってくることがありました。多くの学校では、「名乗って正式に申し入れられるなら受け答えもするが、匿名の意見など聞く必要はない」として、交流学習を続けていかれましたが、個別の学校での交流は、しだいに少なくなっていきました。

そして二〇〇二年、小泉《こいずみ》総理の訪朝によって「拉致問題」の存在が公に認められると、各地で朝鮮学校生徒が、通学途中にチマチョゴリを切り裂かれたり、暴言や暴行を受けたりする事件が多発し、交流していた初級学校でも、チョゴリを着ての登校をやめることや、スクールバスの校名を消して運行するなど、自衛策をとられることになりました。

しかし、いくら「自衛策」といえども、それはみずからの民族的アイデンティティを隠すことにほかなりません。当時の初級学校のある先生が、「国家の犯した間違いの責任を子どもたちにとれというのですか」と、怒りをこめて語られたことを思い出します。

そして、ついにおぞましい事件が起こりました。

断罪された差別街宣、しかし

二〇〇九年一二月四日、「在日特権を許さない市民の会」を名乗る一〇人ほどが、初級学校の正門前に現れ、児童公園を不法占拠しているとして、朝礼台を門扉《もんぴ》に叩きつけたり、サッカーゴールを横倒しにしたり、スピーカーのコードを切断するなどしたうえに、大音量の拡声器で、「北朝鮮のスパイ養成機関、朝鮮学校を日本から叩き出せ」「ろくでなしの朝鮮学校を日本から叩き出せ」「日本から出ていけ、スパイの子ども」などの怒号を、約一時間弱にわたって浴びせかけたのです。

その時間、初級学校の教職員は校門を閉じ、冷静に対応されましたが、もちろん校内では子どもたちが学習していました。あまりの事態に、脅《おび》えて泣き出す子たち、それをなだめる上級生にとって、筆舌に尽くせぬ耐えがたい時間であったことはまちがいありません。

当時、私はすでに学校現場を離れていましたが、事件を知ってすぐに初級学校を訪ね、緊急に開催された市民抗議集会に参加するなど、ほんのわずかですが、彼らに対する抗議行動に参加してきました。その後、刑事事件として起訴された四人が有罪とされ、また民事訴訟でも、差別禁止の国内法が制定されていなくても、批准《ひじゅん》している「人種差別撤廃条約」にもとづき、街宣行動の禁止と約一二〇〇万円の損害賠償を命じる判決が出されました。この判決は、二〇一四年一二月に最高裁で確定しました。

京都を離れて生活するようになった私は、友人から状況を知らせてもらうだけで、詳細な動きは把握できていませんでした。久しぶりに京都に戻って私が訪ねた初級学校は、すでに別の地に移転し、子どもたちとサッカーをした公園は、そもそも問題の契機となった高速道路の橋《はし》桁《げた》で半分にされ、そこにこぎれいな築山《つきやま》が築かれていました。

「在日特権を許さない市民の会」らの蛮行《ばんこう》は厳しく断罪されたものの、この事件以降、各地でヘイトスピーチやヘイトデモなどのおぞましい行為が頻発しました。

「人種や民族への差別を煽《あお》る」ことは許されないと、二〇一六年に「ヘイトスピーチ解消法」が施行されましたが、罰則規定もない法律に実効性をもたせられるかどうかは、私たちの行動にかかっています。何より、法律ができても、初級学校の子どもたちをはじめ多くの人たちが負わされた大きな傷は、決して消えてはいません。その傷を少しでも癒すことになっているのは、たくさんの若者が「NO! レイシズム」を掲げて、差別者を封じ込める行動に立ち上がったことだと思います。

かつて、子どもたちが笑顔で握手する関係を築けたのは、私たち教員も含めた大人たちが「無知」を克服し、出会いの一歩を踏み出したからです。「差別の被害者も加害者も生み出さない」――解放教育実践のなかで語られたこの言葉が、いま、教育に問われています。

Part 4

学力格差をどう乗り越えるか

学力格差の背景にあったもの

「学力は世の中を主体的に生きるための武器、そのために高く高く積み上げたい」と私がとらえるようになったことをPart1（10頁）で述べましたが、一九八〇年代に入って、被差別部落の子どもたちの学力を保障するため、学校での授業改善、同和対策事業による地域での学習会、保護者の立ち上がりなど、さまざまなとりくみが進められてきました。

その結果、たしかに高校進学率は高まり、全市平均まであと数ポイントというところまで達するようになりました。しかし、その進学先の現実は「入れる高校に何とか押し込んだ」という状況であり、必然的に「不本意入学」による高校中退は、高いときには二〇％に達する年さえありました。そんな状況は決して私の学校だけではなく、全市的、全国的な状況であったといえます。

結局は保護者の学歴や職業なのか

「対策事業が進み、同和教育の制度や条件整備が整ってきたにもかかわらず、地域の子どもたちに見られる学力格差が解消されないのはなぜか」という問題意識のもとで、初めて大規模に実施された調査が、私の知るかぎり、一九八五年の大阪での学力総合実態調査でした。

ここでは、マイノリティの子どもたちの学力格差の背景を探るために、学力調査だけでなく、生活実態調査も実施され、学力との関連が分析されました。続いて行われた西日本各地での調査には、保護者の生活実態調査も加えられ、子どもたちの学力格差の背景を探る研究が、各地で大きく進むようになってきました。

しかし、私が衝撃を受けたのは、〈子どもたちの学力にもっとも影響するのは、結局のところ「親の職業や学歴」〉という結果をしめした調査が、学力格差にかんする研究が始まりだしたころには、いくつもあったことでした。ある調査では「父親の学歴が大学卒だと、子どもの大学進学到達率は五〇・〇%、非大学卒では一七・二%にとどまる」という結果をしめしたものもありました。

この結果を受認するなら、「どんなにとりくんでも、子どもたちの学力格差を是正することに学校は無力である」ということになってしまいます。言い換えれば、「どのような家庭で育ったかによって受けられる教育が決まってしまう」ことになります。

そんなことがあってはならないし、現実に、地域のなかでは非常に困難な生活条件のなかから、大学に進学し、社会的に活躍しておられる方々もたくさんおられます。ならば、「親の職業や学歴」を超える「何か」があるはずだと思ったのです。[*1]

保護者のかかわりに注目して

ちょうどこのころ、私に現職教員として大学院で学び直す機会が訪れました。ならば、教職員はもちろん、保護者委員会*2のみなさんにもお話しし、この機会に、調査をして確かめてみたいという提案をしました。子どもたちの学習結果や、保護者の職業や学歴を尋ねるわけですから、プライバシーを守らなければならないことは当然ですが、「保護者の職業や学歴」を超えるものとして、「保護者の子どもへのかかわり方」があるのではないかと想定し、集まっていただいた保護者委員会のみなさんのご意見を聞きながら、調査項目を六つの観点にまとめることから始まりました。

まずは、「就寝・起床時間」や「おやつの与え方」「学習時間の確保」などの《基本的生活習慣》にかんする五問。

次に、「学習環境の整備」「学習への声かけ」など《子どもへの直接的かかわり》の五問。

第三は、《子どもとの心理的つながり》として「甘やかしや言いなりでない」などの三問。

第四は、《保護者の社会参加》として「授業参観」「懇談会への出席」などの四問。

第五は、「休日の教育的刺激」「読書の習慣」など《保護者の興味関心》として五問。

そして最後は《保護者の生活姿勢》として「子どもの将来展望」などの三問で、計二五問としました。

お読みいただければおわかりのように、これらの設問は、当時の地域の保護者の方々の生活の実態のなかから出されてきた意見をもとに作問したわけで、しかも、教育調査などにとりくんだこともない素人《しろうと》の私たちが保護者の方々と進めたのですから、信頼性や妥当性がどうなのかという指摘を受けることは覚悟のうえでのとりくみでした。でも、保護者とともにつくったことにこそ意味があったと思っています。

学力格差を乗り越える道すじ

ひとりひとりの保護者の協力で

いよいよ保護者の意見をもとにできあがった調査用紙を持って、手分けして各家庭を訪問し、聞き取りをしながら、回答を集めていきました。その聞き取りの過程も、大切な保護者との対話の場面となり、相互の理解が深まる貴重な機会になりました。いわばこの段階で、すでに調査にとりくんだ意味が十分あったということもできます。

そうして、いただいた調査結果をしっかりと分析してお返しするのは、現職教員のままで大学院に行かせていただいている私の責任です。恩師でもある指導教官のご紹介で、統計処理を教えていただきながら、多変量解析数量化I類という方法で、子どもたちの学力との関連性について、何とかデータをまとめることができました。

まず、保護者の職業と子どもの学力との相関係数は、父親の職業が〇・四八四、母親の職業が〇・二五七という値になりました。この場合の係数は、〇から一までをとりますから、やはりかなり高いといえます。また、父親の学歴が〇・三二二、母親の学歴は〇・一二二という結果でした。

興味深いのは、職業も学歴も、父親の影響のほうが大きいことです。これについては、他の調査でも同様の結果が出ており、今日の社会において、個々の家庭の社会的地位や経済力が父親によって左右されるという現実が反映しているからだと説明されていました。

調査当時の地域の父親の学歴は、中学校卒が五三・六%、高校卒が四四・六%、大学卒はわずか一・八%という状況でしたから、この結果のままだと、父親に「もう一度、高校や大学にチャレンジしてもらう」しか、子どもたちの学力を高める術《すべ》はないことになってしまいます。

より関連深かった保護者とのかかわり

しかし、「保護者の子どもへのかかわり方と学力との相関」は、私の期待したものでした。

表1-1 保護者の職業と学歴と子どもの学力との相関

父親の職業	0.484	寄与率 0.2766
母親の職業	0.257	
父親の学歴	0.322	寄与率 0.1237
母親の学歴	0.122	

表1-2 保護者のかかわり方と子どもの学力との相関

基本的生活習慣	0.349	寄与率 0.5276
子どもへの直接的かかわり	0.567	
子どもとの心理的つながり	0.478	
保護者の社会参加	0.128	
保護者の興味関心	0.381	
保護者の生活姿勢	0.379	

上記の表のとおり、《保護者の社会参加》以外の五つの項目が、保護者の職業や学歴と同等以上の値をしめし、さらに、すべてをまとめた子どもの学力に対する寄与率を調べてみると、「親の職業」や「親の学歴」に比べて、「子どもへのかかわり方」の総合的な寄与率は〇・五二七六というきわめて高い値をしめしました。

もちろん、このような結果が出ることを期待して、保護者のみなさんの協力を得て調査したのですから、当然といえばそうです。

たとえば、《子どもへの直接的かかわり》には、「学習環境を整える」や「学習に対する声かけ」「子どもの健康、持ち物や服装、友達関係や遊びに関心がある」などを項目にしたのですから、こうしたかかわりが影響しないわけがありません。また、《子どもとの心理的つながり》でも、「子どもを甘やかさない」や「子どもとの対話」に、保護者の意見から「子どもにとって怖い存在である」を加えたのですが、これは、「子どもたちに何とか学力を」というみなさんの思いを反映させたものですから、学力に大きく影響しているのは、当然といえます。その意味でも、不十分な調査だったことは決して否めません。しかし、この結果は、当時の学校にも保護者にも大きな展望をもたらすことができました。

学力格差は乗り越えられる

調査結果がまとまった段階で、私は地域保護者会で報告する機会を与えていただきました。調査への謝辞とともに、「保護者の職業や学歴は子どもの学力と相関するが、それ以上に子どもへの具体的な日々のかかわりのほうが、より強く学力に影響する」という結果を伝え、「たとえ、保護者が十分に教育を受ける機会を与えられなかったとしても、安定した職業に就く機会を奪われてきたとしても、保護者の子どもへのかかわり方によって、学力格差は乗り越えられる」ことをお話しさせていただきました。そのとき、保護者からいただいた拍手は、私に対してではなく、この結果に対して「よし、がんばろう」という互いに決意し合う拍手だったと思います。

このときから保護者委員会の活動もより活発になり、学校もまた「家庭の教育力」というキーワードのもとで、どのような支援をそれぞれの保護者や子どもにしていくのかを考え、とりくむようになっていきました。

「学力格差」を解明しようとする研究は、その後、大きく進み、各地で教育学の研究者と学校や保護者の相互理解にもとづく大規模な調査が次々と実施され、いくつかの重要な問題提起もなされてきました。いまでは、文部科学省による「全国学力・学習状況調査」が毎年実施されています。たしかに「調査なくして発言権なし」という言葉のとおり、科学的データは必要です。しかし、子どもたちに返すべき調査が、「調査のための調査」になってはいないでしょうか。

点数に一喜一憂するのではなく

二〇〇七年、「教育に競争原理を持ち込むな」という多くの批判を無視して、文部科学省は、「全国学力・学習状況調査」を実施しました。全国の小学校六年生と中学三年生の全員を対象として、国語と算数・数学の二科目で、それぞれ知識力を問う問題（A）と知識活用力を問う問題（B）の二種類の学力調査に加え、生徒に生活習慣などを尋ねる質問紙調査と、学校に対して学習環境などを問う質問紙調査もあわせて実施したのです。

学力格差の要因の改善が目的だったはずが

この背景には、二〇〇〇年以来、経済開発協力機構（OECD）が三年ごとに実施している学習到達度調査（PISA調査）の結果、この国の子どもたちの学力順位がじりじりと低下していることに危機感をいだいた経済界の要請や政治的思惑があったことは、間違いない事実ですが、「児童生徒の学力を正しく把握し、学力格差の要因を改善する」とした目的そのものは、たしかに必要なことでした。

しかし、その結果が公表されるや否や、「都道府県別平均正答率」だけがクローズアップされ、各自治体の首長を中心に、なりふり構わず「順位をあげる」ことだけに邁進《まいしん》し、毎年公表される結果に一喜一憂《いっきいちゆう》する状況です。

さらに教育現場では、「成績上位県に学べ」と、多数の指導主事や教員を視察に送り出したり、調査と同様の問題を事前に解かせたり、なかには教員が試験中に答えを教えたり、解けそうもない生徒を休ませるといった、教育としてありえない事態を招いてしまいました。

さらに「点数にしめされた結果」だけしか見ない自治体首長たちは、「教育に力を入れている」というポーズをしめすために「全国一〇位以内」などというスローガンを掲げ、市町村別さらには学校別の結果まで「公表せよ」と迫りだしました。もはやそれは「子どものため」でも「教育の改善」でもなく、政治パフォーマンスのために、市町村と学校、子どもたちをいっせいに競争へと駆り立てるものになってしまいました。

平均正答率にこだわる無意味さ

では、その「都道府県別平均正答率」とはどのようなものでしょうか。二〇一四年のデータを見ると、小学校六年生の全調査の全国平均正答率は六六、トップ三県は七〇、下位三県は六三、中学三年生では、全国平均六五に対して、同様に六九と六〇程度です。つまり、全国四七都道府県の平均正答率が、前後四ポイント程度の幅に収まっているわけです。

四〇人の学級のすべての子どもたちのテスト結果が、このような点数の幅に収まるような授業ができていたとしたら、その先生の指導は絶賛されるでしょう。だからといって、改善の余地がないと述べたいのではなく、私は平均正答率にこだわることの無意味さを問いたいのです。大切なのは、正答率の高低が何に起因しているのかを解き明かすこと、つまり、学力格差の背景にあるものを解明するという調査本来の目的に立ち返ることです。

格差の第一の要因は毎年同じ

子どもたちの学力格差の要因には、いくつもの要素があることは当然です。ただ、現在行わ

表2　調査対象学年の就学援助を受けている生徒の割合（質問21）

	学校数（%）	平均正答率（%）			
		国語A	国語B	数学A	数学B
在籍していない	9.4	80.4	53.5	68.7	61.3
5%未満	11.5	82.2	55.1	71.2	64.0
5%以上、10%未満	19.4	80.5	52.3	68.8	61.3
10%以上、20%未満	31.2	79.6	50.9	67.3	59.8
20%以上、30%未満	15.2	78.7	49.7	66.2	58.5
30%以上、50%未満	9.1	77.2	47.6	63.6	55.8
50%以上	2.8	72.1	43.1	56.2	47.7
その他、無回答	1.4	－	－	－	－
合計・全体正答率（%）	100.0	79.6	51.2	67.4	59.8

れている「全国学力・学習状況調査」の質問紙調査の範囲で見ていくと、毎年変わらない決定的な要因が、ひとつ見いだせます。

それは、「学校調査」には、「学校規模」や「学力向上に向けた取組」「指導方法・学習規律」「コンピュータ活用」「教員研修」などの一〇一問に及ぶ質問がありますが、子どもたちの学力との相関は、〇・〇一以下がほとんどで、毎年〇・一以上のある程度の関連をしめす項目は、その学校での「就学援助を受けている生徒の割合」なのです。

そして、この問いと正答率とのクロス集計の結果は、上の表*3のとおり、在籍率が高いほど正答率は低くなり、「在籍していない」学校と「五〇%以上在籍」の学校とでは、正答率の差は一〇ポイント以上になるという見事な相関をしめしています。そして、さらに各県の失業率や生活保護率とも重なるのですから、問題はもはや明白です。

格差を乗り越えるための家庭学習

解決が求められる子どもの貧困

「経済状況の厳しい子どもたち」が多く在籍している学校ほど、厳しい学力状況にあることが明白なのですから、都道府県別はおろか市町村別、まして「学校別平均値を公表せよ」などという戯言《ざれごと》は何の意味もないことはいうまでもありません。今日、子どもの貧困率[*4]が一六％を超え、六人に一人の子どもが平均生活費の半額以下の生活を送っているという現実を見れば、この国の経済政策、社会保障政策、教育政策に大きな過ちがあることは明白です。

結論を先にいってしまうことになりますが、子どもたちの学力格差の背景に、家庭の経済力と、それからもたらされる教育力があるなら、行うべき教育施策は、同和教育がとりくんできた「しんどい家庭の子どもたちをどう支えるか」以外、ありえないのです。

競争ではなく協働の力で

そもそも、学力の実態把握は、科学的に有意な数にもとづく抽出調査で十分です。また、毎年実施するよりも、五年、一〇年というスパンをあけて実施しないと、本当の変化の要因などつかめないことは常識です。ところが文部科学省は、毎年六一億円の経費を民間教育産業に丸投げして調査を実施しつづけ、その一方、財務省は今後一〇年で四万二〇〇〇人の教員を減らせば人件費の国負担を七八〇億円削減できるとの試算を出しています。こうした姿勢には、怒りを禁じえません。

私たちが地域の保護者と「学力を高めたい」ととりくみを始めて、三〇年近く経とうとしています。いまやだれもが、家庭の経済力や文化資本[*5]による「教育格差」が大きく広がっていることを認識されています。

しかし、それを乗り越えていくとりくみは、どれだけ普遍化したのでしょうか。これまで、まるで流行のように目先を変えたあれこれの学校改革や授業展開に飛びつき、それらを導入してきました。しかしながら、学校が個々の家庭としっかりつながらなければ、格差を乗り越えるなどできないことは、明らかなのではないでしょうか。

せめて各自治体は、「子どもの貧困」の問題に真剣にとりくむべきです。そのキーになるのは、経済的支援だけではなく、「家庭学習条件の保障」ではないでしょうか。

家庭生活と学習のあり方に着目して

二〇一四年度の「児童生徒質問紙」の調査結果を見ていくと、ここでも「家庭状況の影響」が浮かび上がってきます。「学校調査」では、学力との相関係数が〇・一を超える質問がほとんどなかったにもかかわらず、「児童生徒調査」では、八七問中二八問で、学力との相関係数が〇・二を超えています。ただし、二八問のなかの二二問は、「日常の授業内容が理解しきれていないこと」や「授業に関心や意欲をもてていないこと」を測る質問であり、「できていれば当然テストの得点も高い」ものです。したがって、こうした質問から家庭状況の影響とされる課題を見いだすことはできません。

では、これら以外に、学力との相関係数が〇・二を超えている六つの設問とはどのようなものでしょうか。

その設問とは、まず「普段（月～金曜日）、一日当たりどれくらいの時間、テレビゲーム（コンピュータゲーム、携帯式のゲーム、携帯電話やスマートフォンを使ったゲームも含む）をしますか」と、「普段、一日当たりどれくらいの時間、携帯電話やスマートフォンで通話やメール、インターネットをしますか」の二問であり、マイナス方向で〇・二以上の相関をしめしています。

表3　学校の授業時間以外に普段（月～金）1日当たりどれくらいの時間、勉強をしますか（学習塾・家庭教師も含む）（質問14）

	児童数（%）	平均正答率（%）			
		国語A	国語B	算数A	算数B
3時間以上	11.5	80.6	64.0	85.5	68.6
2時間以上、3時間より少ない	14.7	75.7	58.7	80.9	61.1
1時間以上、2時間より少ない	36.0	74.4	57.4	79.7	59.9
30分以上、1時間より少ない	25.0	70.8	53.0	76.1	55.7
30分より少ない	9.4	65.5	46.6	70.3	48.8
全くしない	3.2	60.2	40.1	64.5	42.0
その他、無回答	0.1	−	−	−	−
合計・全体正答率（%）	100.0	73.1	55.7	78.3	58.4

つまり長くやっている子どもたちほど、得点が低いということです。

次に、「学校の授業時間以外に、普段（月～金曜日）、一日当たりどれくらいの時間、勉強をしますか（学習塾や家庭教師も含む）」と「土曜日や日曜日など学校が休みの日に一日当たりどれくらいの時間、勉強をしますか（学習塾や家庭教師も含む）」が、〇・二五という高い相関をしめしているのです。またそれに付随《ふずい》して、「家で、自分で計画を立てて勉強をしていますか」と「家で、学校の宿題をしていますか」が高い相関をしめしています。

これら二つの質問群は重なり合っています。「テレビゲーム、携帯やスマホでの通話やメール、インターネット」などに多くの時間を割《さ》いている子どもたちは、必然的に「家庭での学習時間」が少なくなります。また、家庭学習には「学習塾や家庭教師を含む」わけですから、そうした機会が与えられているか否かという家庭の経

表4　家で、学校の宿題をしていますか（質問22）

	児童数（%）	平均正答率（%）			
		国語A	国語B	算数A	算数B
している	86.0	74.8	57.8	79.9	60.4
どちらかといえば、している	10.5	64.4	44.5	70.4	48.2
あまりしていない	2.8	57.6	37.0	63.6	40.7
全くしていない	0.7	52.9	32.8	58.7	36.0
その他、無回答	0.0	−	−	−	−
合計・全体正答率（%）	100.0	73.1	55.7	78.3	58.4

済力も、当然、かかわってきます。

学力に大きく影響する家庭学習時間

たとえば、小学校六年生の「普段の一日の学習時間」と「正答率」との関係を見ると、表3のように、どの教科でも、おそらく塾に行っているのであろう「三時間以上」と答えた一一・五%の児童は平均より一〇ポイント高く、一方で「全くしない」三・二%の児童は、平均点よりなんと一五ポイントも低いのです。

同様に、「家で学校の宿題をしているか」の問い（表4）も見ておくと、宿題は最少の課題ですから、「している」と答えた児童は八六%とほとんどを占めていますので、平均より二ポイント程度高い結果となっていますが、「あまりしていない」二・八%の児童は、平均より一五ポイントも低く、「全くしていない」〇・七%の児童は、なんと二〇ポイント以上低いという結果がしめされています。

家庭学習は家庭の責任なのか

「学校は宿題をしっかり出して、家庭で学習するよう指導し、八割以上の子どもたちがやってきているのだから、もう十分ではないか」「宿題さえやってこない子どもはごくわずかだし、それは個々の家庭の責任であって、学校が関与できるものではない」――先に述べた結果に対して、そんな言葉が聞こえてきます。

しかし、「塾や家庭教師に教えてもらえない子」はもとより、「家庭で学習時間がとれない子」「家で宿題さえできない子」は、それぞれどんな家庭生活を送っているのでしょうか。子どもたちの学力にかんする私たちの視点は、まずここから始めなければなりません。

家庭に条件はあるのか

家庭に行って確かめてから

「宿題」ということについて、私が初めて考えさせられたのは、新採教員として五年生を担任したときでした。学年三クラスそろって、「計算ドリル」と「漢字ドリル」を全員に購入させることになりました。幼いときから当然のようにこうしたドリルを家庭で何度もくり返していた私は、学年主任の先生に「一日何ページくらい宿題に出せばいいのですか？」と尋ねたのです。すると、主任の先生は「クラスの子どもたちが家でどのように勉強しているのか、家庭に行って自分の目で確かめてきてから決めたらどうだ」と返されたのです。

学生時代から、子ども会や識字学級で地域の人たちと出会い、ご家庭で食事もいただいていた私でしたが、あらためて、家庭学習という観点から子どもたちの生活を見つめ直していくと、自分がまったくわかっていなかったことに、気づいたのでした。

六畳一間に数人の家族で暮らしておられる家庭、一軒の家を区切って長屋のような一部屋で暮らしておられる家庭。そんななかで、土間から部屋への上がり口でしゃがみ込んで宿題をしていたり、部屋の隅で畳にノートを置いて抱え込むような姿勢で書き込んでいたりする子どもたちの姿がありました。地区の生活改善のための事業が実施されて一〇年以上経った一九七〇年代末という時期であったにもかかわらず、まだまだこんな厳しい生活の現実のなかで、子どもたちは生きていたのでした。

家に机もない状態で

一九五〇年に地元で実施された調査[*6]には、こんな記述があります。

「学齢期に達すると、文房具や所持品の置き場所が与えられているというただ一事だけでも、『個人の心的平静と平衡を保つ上に大きな助けとなり、陰に陽に秩序ある生活の実現に貢献する』のであるが、地区の学童にとっては、机もなければ寝るのにやっとという部屋の狭さでは、どうして教科書や帳面を正しく置く定められた場所など与えられよう」

つづけて、次のようにも書かれています。

「小学校上級学年になり、他人との社会的距離感にもとづいて自己評価の習性を形成しはじめる頃になって、まずぶつかるのは自己の『劣位』感である。対人交渉の習性においても、友好と信頼の代わりに反発と不信、気楽さ・暖かさ・寛大さの代わりにかたくなさ・冷たさ・遠慮がちになる」、さらに、「小学校五・六年男女児童に行われた調査によれば」として、「いつも叱られないかとびくびくし、『うちを飛び出したい』と思ったり、『友だちと一緒に遊ぶ』のを好まず、どうかすると『自分は父母のほんとうの子ではないのではないか』と思ってみたりすることもあり、どう考えても『皆と同じように人々から可愛《かわい》がられている』とは思えず、『誰も自分を可愛がってくれない』ような気がし、いつでも『誰かが自分をいじめようとしている』かのように感じる傾向を示し」と述べています。

さらに、「『あなたはいつも幸福ですか』の問いには、半数が否定的、『時々自分だけ友だちと変わっているように思う』『友だちは自分を理解してくれないように思う』と答えたのは半数を越えていた」と報告されています。

家庭に学習できる条件がないなら

一九九〇年代、子どもたちの学力格差を解明しようと各地でとりくまれた調査では、家庭の経済的条件や保護者の学歴や職業との関連を明らかにしつつ、さらに「自尊感情[*7]」というキーワードを提示してきました。

しかし、同和教育黎明《れいめい》期の一九五〇年代、つまりいまから七〇年も前に、私たちの先輩教員は、子どもたちの「自己認識」は現実生活のなかで形成されることを明らかにし、その生活をしっかりととらえて教育活動にとりくむことを提起されていたのです。

一九五三年から始められた地域での「補習学級」は、不就学の子どもたちだけでなく、家庭で学習できる条件がない子どもたちに、その場を保障するためにスタートしました。私が教員となったころも、地域に建設された学習センターでは、土日も含めて、毎日夜九時まで、子どもたちが自由に使って学習できる条件が整えられ、一九九〇年代には、地域外の子どもたちも同じように活用している状況となっていました。

まさに、同和教育のなかから創り出されてきた教育格差を解消する施策やとりくみが、すべての子どもたちの教育保障へと広がっていった典型的な例でした。

ところが、二〇〇二年に同和対策にかかわる特別措置が打ち切られて以降、またたくまに、地域でのこうした学習の場は壊されていきました。「子どもの貧困」が、いっそう厳しさを増すなかで、「家に机がない子どもたち」「家で学習できる条件がない子どもたち」に、その場を創り出し、保障することは急務ではないでしょうか。

新採教員として出発した当初に、「家庭に行って自分で確かめてこい」といわれて以来、私は、担任したすべての子どもたちの家庭を「いつも勉強している場所を見せてもらいに行くからね」といって訪問していました。

地域の子どもたちだけでなく、同じように勉強する場所のない子ども、押し入れの棚を使って宿題をしている子、きょうだいでひとつの机を使っている子どもたちが何人もいました。そうした状況にいる子どもたちは、いまも決して少なくなってはいないと思います。「家庭学習は家庭の責任」という人は、そんな子どもたちの姿が見えているでしょうか。

学習の自立をめざして

学力補充から、みずからとりくむ家庭学習へ

「家庭で学習できる条件がない」という地域の子どもたちのために、教員が地域に出向いて支援する「補習学級」が始まっていったのですが、地域の住環境が整備されていくに従い、その目的は当然変わってきました。とくに、子どもたちの学習拠点として、一九八〇年に地域に学習センターが建設され、多様な学習にとりくめる条件が整備されたことを契機に、学習内容もしだいに変わってきました。

一九八四年四月、私たちは地域の保護者のみなさんの前で、「センター学習だけでは、学力はつきません。今年から家庭学習にとりくみます」と宣言しました。

即座に保護者のみなさんから、「何ということを……、家に勉強できる条件がないし、私たちが教えてやることができないから、長年の解放運動によって、この学習センターが建設されたのに、ここでは学力がつかないとはどういうことか」「塾に行っている子どもたちは学力が高いのに、先生は塾に負けているのか」といった意見まで出されました。それは、これまでの

長く厳しい差別の結果であり、住環境整備や雇用保障のとりくみが進んだとはいえ、まだまだ社会水準には及ばない実態がありましたから、当然の意見でした。私たちは、こうした意見に丁寧に答える努力をしました。

「学習の自立」をはかるために

まず、一週間のうち二、三回だけ、一時間半から二時間程度、この場所に集まって私たちがサポートして勉強したからといって、学力がつくものではない。そんなに簡単なことで身につくなら、とっくに達成できている。やはり、毎日欠かさず自分で学習にとりくむ習慣をつけることが絶対に必要であると力説しました。

一方で、たしかに「学習塾に通ったら成績が上がった」ということを聞きますが、塾に行っても、たんに受け身で学習しているだけでは成績は上がりません。

塾がやっていることは二つあり、ひとつは塾のない日にも大量の宿題を出し、やってこなかったら退塾させるとまで言い切って家庭での学習を強制しています。もうひとつは、点数や成績を貼りだして、子どもたちを競争に駆り立てることです。それが子どもたちにとっていいことかどうかは大きな疑問ですが、結局、塾でも、こうまでして学習に向かわせているということを説明しました。

さらに、そうした塾に通う費用は、月に六万円から八万円だといわれています。たしかに、塾代は週三日だと、月に二〜三万円といわれていますが、そこに毎月の模擬テスト代、夏休みの補習や夏期講座などを入れると、月平均は大きく跳ね上がります。一人の子どもに、これだけの費用を出せる家庭の子どもたちと対等な学力を身につけていくためには、どんな困難な状況の家庭のなかでも、子どもたちがみずから勉強していく「学習の自立」という力をつけていかなければなりません。そうでなければ、自己の人生を主体的に選べるだけの学力を育てることはできないのではないかということを語っていきました。

もちろん、学校が「わからないままで、下校させない」という姿勢で、厳しい条件におかれている子どもたちに焦点をあてて授業改善を行うのは当然ですが、それでも、「家庭学習時間の量が学力に大きく影響する」という結果が明白に表れているのですから、やはり学校での学習だけでは不十分です。たとえば、四五分の授業では計算問題は五問しかできないのなら、家に帰って二〇問やったほうが、子どもたちに力がつくのは当たり前です。

家庭学習の二つのスローガン

私たちは、「学習を中心とした子どもの生活、その子どもの生活を中心とした家庭の生活」というスローガンを掲げて、保護者のみなさんに具体的な協力と子どもたちへの支援を求めていきました。

さらに、子どもたちには、「学年×二〇分の家庭学習」というスローガンを提示しました。これは、岸本裕史《きしもとひろし》さんが、一九八一年に出された『見える学力、見えない学力』のなかで、子どもたちに必要な家庭学習時間として提起されたことに触発されたものでした。

一年生なら二〇分、二年生は四〇分、三年生で一時間、六年生なら二時間となります。さらに中学一年生なら、七倍として二時間二〇分ということです。これが統計的に根拠があるのかどうか、当時の私たちにはわかりませんでしたが、全員で何かにとりくむためには、わかりやすいスローガンが必要でしたから、岸本さんの提案に飛びついたのでした。

しかし、先に紹介した「全国学力・学習状況調査結果」を見れば、小学校六年生で、平均点より有意に高い得点をとっている子どもたちは「二時間以上の家庭学習」をしているのですから、岸本さんの提起は正しかったということが、いまさらながら確認できます。

こうして、「家庭学習」にとりくみはじめたのですが、たんにスローガンを掲げただけでは進みません。また、保護者のみなさんに「がんばってください」と丸投げするのは無責任ですし、実際に、幼いときに家庭で学習した経験をもっておられない保護者の方は途方に暮れられるだけです。そこで、「がんばれと言うからには、私たちがまずがんばる」という姿勢でとりくみを始めたのです。

家庭学習のための5W1H

教員は何かにつけて子どもたちに「がんばれ」といってしまいます。しかし、「がんばれといわれて、がんばれることができるのは、がんばれる条件がある子、がんばる方法を知っている子」であり、がんばろうにも、がんばれる条件さえ奪われ、どうするにも方法がわからない子どもたちは、ただ戸惑い、うろたえ、そしてあきらめるしかない。それを「自己責任」として片付けてしまうのが、いまの社会の現実です。六人に一人という「子どもの貧困」という問題があるなかで、「全国学力・学習状況調査」での「家庭学習時間」における格差には、このことが端的に表れているのではないでしょうか。

「家庭学習をがんばれる条件づくり」のために、私たちは全教職員で一致して、ひとりひとりの子どもに対して、「5W1Hのとりくみ」を始めました。

第一のW　家庭学習時間の確保

まずは、《when……いつ勉強するのか》。「毎日一時間くらいなんとでも……」と思われるかもしれません。しかし、保護者の勤務時間が日によって異なる家庭はいくらでもありますから、当然、子どもたちの生活時間もそれに左右されます。

また、住環境整備事業によって建設された地域の改良住宅には、内風呂がありません。子どもたちは、友だちと誘い合って共同浴場に行くという毎日です。内風呂なら長くても二〇分程度で終わる時間が、往復の時間を含めると一時間以上になるのは当たり前です。帰宅時間と就寝時間を決めれば、家庭で夜過ごせる時間は最大でも四時間、そのうちの一時間をとられ、さらに食事や手伝い、それにどうしても見たいテレビと考えると、「毎日一時間以上の家庭学習」を確保するということは、実はたいへんなことなのです。私たちは、それぞれの家庭に入り、一週間の日課表を、保護者にも加わっていただき、子どもの意見を聞き、「これならできそうだね」と、納得がいくまでつくりあげていくことから始めました。

第二のW　学習場所の確保

次は、《where……どこで勉強するか》。「そんなの、自分の勉強机でしょう」と考えがちですが、さまざまな調査によると、「自分だけの机」を所有している小中学生は九割前後、「自分だけ、またはきょうだいと共有の部屋」を与えられているのは八割前後といわれています。たしかに高い率ですが、だからこそ、「机がない」「部屋がない」という一割から二割の子どもたちへの支援こそ大切なのです。

とくに、地域の子どもたちが暮らしていた四階建ての集合住宅であった改良住宅の場合、学習場所の確保はまだまだ困難でした。狭小過密で危険な不良住宅が密集していた状況を改善するために、一九六〇年代に建設が始まった改良住宅の広さは、三四平方メートルの3DK、田の字のような間取りの玄関を入るとすぐトイレと物入れ、その反対側に三畳の台所があり、奥に四畳半と六畳の和室、これだけです。内風呂もなく、ここにタンスやテーブルなどを置くと、六畳は四畳半になり、四畳半は三畳になってしまいます。外見は鉄筋四階建てのしっかりした建物に見えますが、そこに多人数の家庭なら一家六人で暮らしておられたのです。

このような状況のなかで、半畳分は必要な勉強机をどのように置くのか、しかもきょうだいが二人以上いたらどうしたらよいのか、みなさんが図面を描いて考えてくだされば、いかに困難かはすぐに理解してくださると思います。

家具の配置の相談から

さらに、たんに机を置けばいいということではなく、子どもたちが勉強する位置と、保護者が炊事などの家事をされる位置との関係、テレビを見られる位置との関係も考えなければなりません。子どもが「いつも監視されている」とは感じないけれど、ちらっと勉強の様子を見ていただくことができる位置関係、「子どもの勉強中はテレビを消してください」とまでは、なかないえません。でも、「音声は小さくするか、イヤホンで聴いてください」とお願いして、子どもからは画面が見えない位置にテレビを置く、具体的にはそんな家具の配置を、一軒一軒の家庭に入り、保護者のみなさんと相談しながらとりくみました。

ある保護者から、「この住宅に入って、蛇口ひねれば水が出る、スイッチひねればガスがつくと喜んでいたけど、子どもに勉強させようと思ったら、まだまだや。ほかの家庭はどうしてるのやろう」といわれたこともありました。逆にいえば、こうした働きかけによって、「家庭学習の大切さをあらためて、教員と保護者が子どもを囲んで共通理解する」ことになっていきました。

第三のW　学習の支援者は

子どもたちが家庭学習にとりくめる条件をつくるために、「when……いつ」「where……どこで」の二つのWについて述べてきましたが、読者のなかには、「もうすでにそれは教員の仕事を超えているだろう」「どんどん仕事が増え多忙化している状況で、教員は家庭のことまで踏み込めない」といったご意見もあろうと思います。

たしかに、私たちがとりくんでいた一九八〇年代の教育現場の状況と今日とでは、大きく変わっています。教員の多忙化や学校と地域・家庭との関係のあり方も、大きく変わりました。

そのなかで、もっとも大きな変化は、社会全体の「格差の拡大」であり、それが子どもたちの「学力格差」に直結し、しかも世代を越えて連鎖するという深刻な事態です。

だからこそ、三つめのW、《who……だれが》が大切なのです。子どもたちの学習をサポートするのはだれか。

もちろん、自分で学習をどんどん進めていける子どももいます。保護者の方がわからないところを教えてくださったり、丸付けをしてくださったりした家庭もありました。でも、それが十分にできない家庭や保護者の現状があるなら、やはり教員がかかわっていくことが必要です。保護者の方には、一週間の家庭学習計画表をもとに、子どもたちに、「そろそろ時間やで、がんばりや」とか「しっかり勉強したな」という声かけは必ずしていただきながら、なかなか学習にとりくめない子どもの家庭には、予定していた学習時間に合わせて、「どうや、がんばっているか」と声をかけに訪問するとりくみを始めたのです。

学習課題の設定

第四のW　家庭で何を学習するのか

「いつ」「どこで」「だれが」に続いて、子どもたちが「一時間勉強する」となったら、四つめのW、《what……何をするのか》が問題となります。

しかし、個別の子どもの家庭学習課題の前に、まず、学級でどのような宿題を全員に課しているかを検討しなければなりません。つまり、私が新採のときに尋ねた「どのような宿題を出しているのか」ということです。

やりきったと思える学習課題

多くの学校では、とくに量的に反復学習が必要な計算や漢字については、ドリルが教材として使われています。私たちも「計算ドリル」と「漢字ドリル」を基本的に使っていました。ただ、これらのドリルには、書き込み式のドリルと、書き込まずにくり返して使えるものがあります。後者は、ノートに問題を書き写して何度も同じ問題をくり返して学習できるようになっていますので、反復学習にはうってつけです。

しかし、私たちはあえて、書き込み式を使いました。計算ドリルならB５サイズで一ページ二〇問、学期に一冊で約四五ページのドリルです。そのドリルを宿題に出して、翌日答え合わせをして、間違った問題はその日のうちにやり直して、すべて〇《マル》にすることをくり返しました。学期末には全問〇《マル》となったドリルの表紙に、大きな文字で、年月日と「合格！　全問正解！やったね！　バンザイ！」といったメッセージを書いて、ひとりひとりの子どもに「計算は苦手やと言っていたけれど、一学期にこれだけの問題を解けたんやで、全部で九〇〇問、ようがんばったなあ、すごいなあ、夏休みもがんばろうな」と、声をかけて返却していました。

漢字の書き取りも、毎日、私たちは、前日に提示した漢字をそのまま一〇問、テストすることをくり返しました。一〇問がそのまま出るのですから、やれば必ず一〇〇点が採れる。ならば自分はどのように学習したら確実に覚えられるのかを子どもたちが考え、習得していきます。苦手だった子どもが一〇〇点を採ったときの歓声と笑顔、学級の全員からの大きな拍手という光景を何度も見てきました。

つまり、困難な条件におかれている子どもたちこそが、「やればできる」という自信と「やりきった」という達成感を味わうことを、私たちは大切にしたかったのです。

ひとりひとりに応じた学習課題

でも、それだけでは個に応じたとりくみにはなりません。私たちは、「ノート一ページ学習」ということにもとりくみました。

子どもたちが自分の好きなデザインのノートを選んで、とにかく一日一ページ、自分で考えた学習をしてきます。明日のテストに向けて、二行分を使って漢字を書いてくる子、計算ドリルの問題を書き写してもう一度やってくる子、ページを縦に半分にして、今日一日の復習や調べ学習をびっしりと書いてくる子、国語の教材文はもちろん、理科や社会科の教科書記述を書き写してくる子（理科用語や社会科用語の理解と定着に大きな意義があります）、なかには私が問題を書いていた子もいましたが、毎日提出されるノートに目を通し、「がんばったなあ、みんなに広げたいなあ」と思うノートは、了解を得てコピーを貼りだして、クラス全体に紹介することもしていました。そして、ノート一冊が書き終わると、ドリルと同様に、「三二冊目完了！すごい！」といった言葉を書いて返却していました。

さらに格差を乗り越えるために

しかし、こうした宿題だけでは十分とはいえません。学習塾に通っている子どもは、当然のように教科ごとの分厚い問題集を何ページも課題として出されていましたし、教育関心や経済力のある家庭では、通信教育を受けさせたり、市販の問題集を購入してさせておられたりする状況があるのですから、そこに生まれる格差をも見逃すことはできません。

私たちは、地域の子どもたちや家庭では準備してもらえない子どもたちと連れ立って本屋に行き、それぞれ自分ができそうなドリルや問題集を選ばせました。ある子どもは、教科書のページに対応して、「ここを習ったらこのページができる」というなるべく薄いものを選びますが、それでいいのです。でも、自分でやると選んだからには、計算ドリルと同じく「隅から隅まで一問も残さず全部やる」。これが約束でした。そんな条件のもとでも、なかには進学塾が使っている分厚い問題集を選んで独力で全部やりきった子どももいました。こうしてひとりひとりに応じた学習教材を整えることが、家庭学習を定着させるためには必要でした。

残るＷ・Ｈともうひとつのｗ

残りのＷとＨと学習会

これまで「家庭学習のための５Ｗ１Ｈ」として、《when　where　who　what》と述べてきました。残るWとHは、《why……なぜ》そして《how……どのように》です。

後者の「どのように」は、日常の授業での辞書や辞典を使った調べ学習やノートのまとめ方の指導のなかで、また先に述べた「ノート一ページ学習」を互いに参考にし合う機会をつくるなどして広げてきました。

とくに地域の子どもたちは、Part2で紹介した「自分たちの住む地域の歴史や差別との闘いを知る」という学びにとりくんでいましたから、聞き取りをまとめたり、資料を探したりする学習の方法を身に付けてきましたし、その経験じたいが「why……なぜ勉強するのか」の問いかけにもなっていました。

つまり、当時私たちがとりくんでいた地域での学習会は、「学校の学習の補充をする」ことや「わからないところを特別に教える」ことが目的だったのではありません。子どもたちがみずから学習する力を身に付けるために、その目的と方法を獲得していく場として位置づけていたのです。地域の保護者のみなさんの前で、「学習会だけでは学力はつかない。家庭学習を」と言い切ったかぎり、私たちは、そのための条件をつくるとともに、学習会でさまざまな学習や活動にとりくんだら、「もっとこんな勉強をしよう」「帰ったらもっとがんばろう」と思えるようになるとりくみへ転換していくことをめざしたのでした。

「なぜ勉強するのか？」の問いに

「why……なぜ勉強するのか」について、学級で子どもたちに話し合うことを求めたこともありました。

「大人になって生活に困らないように」「いい仕事につけるように」「大学に行きたいから」「大学を卒業して科学者になりたいから」といった意見に対して、「いい仕事って何？」「大学に行ってどうするの？」「科学者になって何をするの？」という突っ込みが、ほかの子どもたちから返されています。

学力は山登りと同じ。高く高く積むことによってさまざまなものを見ることができ、そのなかから主体的に進路を選択できるようになるのですから、「学力は世の中を主体的に生きていくための武器である」と、私自身が考えていましたし、いまもその考えは基本的に変わりません。混迷する社会で、気づかぬ間に破滅への道を歩ませられるようなことがないように、社会を知りその動きを見抜き、ひとりひとりが自分の意志で主体的に正しい行動をとらないかぎり、私たちが大切にしてきた「平和と平等」は崩されてしまうと、いまはより強く思っています。ですから、学級での子どもたちの話し合いは、「自分の選んだ人生を歩みたいから」という意見に集約されていくのだと思っていました。

「勉強することが楽しい、わかったらうれしい」

ところが、「なぜ勉強するのかって言われても、勉強っておもしろいもの」という発言が飛び出したことで、方向が変わってしまいました。「わからんことがわかるようになったらうれしい」「問題が解けるようになったら、やったと思う」「友だちの意見を聞いて、そうかと思ったり自分といっしょやと思ったりすると楽しい」、そんな発言が続いたのでした。

私は「はっ」とさせられたことを覚えています。とかく、私たちは「学習する目的」を遠い将来においたり、何々のために必要だと説いたりしがちです。とくに進学塾に通っている子どもたちは、「有名中学に合格するため」とか、「有名大学に進学できるように」というプレッシャーのもとで、学習へのモチベーションを高められています。そういう私も「世の中を主体的に生きていくための武器」だととらえています。それはそれで間違いないことですし、私の確信でもあります。

でも、子どもたちは「いま勉強しているそのことが楽しい」というのです。人間が本来もっている「学びへの意欲」、「知的探求心」、そんな言葉は使わなくても、「学ぶことそのものに意義があり、価値がある」ことを、子どもたちは自分の言葉で語っていたのでした。授業改善と家庭学習のとりくみのなかで、子どもたちがこんな意見を出してくれたことに、教えられ反省させられたことをいまも覚えています。

教えられたもうひとつのW

こうしたなかで、子どもたちからもうひとつ、Wがあることを教えられました。

「勉強しようと思って電気をつけたら、同じタイミングで向かいのマー君の家の電気がついた」とうれしそうに語ってくれる子、「あっ、私と同じ勉強してきたん」と顔を見合わせる子たち。自分が勉強しているときに友だちも勉強している、あの子も同じようにがんばっている、自分だけでなく、《with……ともに》ということの重要さを私たちは学びました。

だれかといっしょにがんばる、だれだれががんばっているから、クラスのみんながんばっているから自分もがんばろうという関係をつくっていった子どもたちだからこそ、「勉強そのものが楽しい」という言葉が出たのです。

５Ｗ１ＨプラスもうひとつのＷ……わかったら楽しい、おもしろい。そして「学習することの楽しさ」を友だちと共有し合うことによって、家庭学習が習慣化されていきます。そのなかで、どのような家庭で育とうとも、格差を乗り越えて、世の中を主体的に生きるための確かな学力を育んでいけるのではないでしょうか。教員の行うべき支援は、こうした具体的なことを工夫し、積み重ねていく実践であると思います。

「ゆとり教育」「生きる力」……何だったのか

一九九六年、「ゆとりの中で生きる力をはぐくむ」と、学習内容と授業時数の削減から始まった「教育改革」でしたが、「学力低下だ」との批判が起こると、たちまちぶれだしました。危機感を煽《あお》った教育産業は大盛況で、教育投資が可能かどうかで家庭による格差はますます拡大していくことになりました。

そして、今度は「国際競争に負けない学力」を理由に、小学校から「英語教育」だの「キャリア教育」だの、はては「プログラミング教育」まで導入され、いつのまにか、週の授業時数は基準の二八時間をオーバーしてしまうまでになってしまいました。

学校も教員も子どもたちも、そんな動きに振り回され、疲弊《ひへい》していったのは当然です。考える余裕すら奪われた状況のもとで、教育基本法の改悪、道徳の教科化など、国家が公然と教育を支配していく状況が、またたくまに築かれていったのでないでしょうか。

対応できる家庭はもはや限られ、この国はひと握りの上位層と大多数の庶民層に分化していきます。それが、子どもたちの日常まで入り込み、息苦しさが「いじめ」となって現れている。いや、子どもだけでなく、大人たちの職場、生活、社会にもハラスメントという「いじめ」が蔓延《まんえん》し、分断され、支配層の意を「忖度《そんたく》」する人間がつくられてしまった。この二〇年間の

「教育政策」はそのようなものだったのでは、と思えてなりません。

＊1　一九九六年からの教育改革の動きと学力格差については、拙著『教育不平等』解放出版社、二〇〇二年を参照してください。

＊2　保護者委員会　一九八八年、地域の保護者が運営主体となり、部落問題と教育、家庭のとりくみを学校側と話し合い、相互理解を深める自主活動の場として、改進保護者委員会が発足した。

＊3　表2〜4は、国立教育政策研究所がまとめた二〇一四年度の「全国学力・学習状況調査報告書」より作成。

＊4　貧困率　貧困率とは、全国民の所得の真ん中の人の所得の半分に届かない人の割合で、子どもの貧困率は、一八歳未満でこれを下回る人の割合。二〇一二年の子どもの貧困率は一六・四%、二〇一五年は一三・九%だった。

＊5　文化資本　金銭によるもの以外の学歴や文化的素養といった個人的資産を指し、家庭の文化資本の差が子どもの学業達成に大きく影響している。

＊6　『未解放部落の実態——京都市竹田・深草における調査』部落問題研究所出版部、一九五〇年

＊7　自尊感情　自分には価値があり尊い人間であると思える感情のこと。自尊感情が高い人は困難に出遭っても粘り強く努力したり、他人からの評価にそれほど左右されず感情が安定しているが、自尊感情が低い人はすぐにあきらめてしまったり、感情的にも不安定な傾向があるといわれている。

Part 5

道徳教育と人権教育

あなたの実践はどっち？

「道徳科」がいじめを解決するのか

ついに二〇一八年度より、それまでの「道徳の時間」（教科外）が「特別の教科 道徳」として、小学校で実施されることになりました（中学校は二〇一九年度より実施）。

これまで「道徳の時間」では、地域や家庭、子どもたちの状況に応じて重点とする内容をさまざまな資料から選択してとりあつかうなど、ある程度、学校の裁量とされていました。

ところが、「道徳科」はそうではありません。二〇一五年度に改訂された学習指導要領がしめした道徳的価値、その「内容項目」のすべてを網羅《もうら》して、文科省検定を通過した教科書にもとづいて、「確実に実施」されるわけです。そんな大きな改訂が、さして大きな反対もないまま、多くの人々から見れば、まさに「いつのまにか……」決定されました。

背景として語られた「いじめ」問題

「道徳の教科化」が一気に進んだ契機は、二〇一三年のいじめ自死事件を受けた「教育再生実行会議」の提言でした。連日報道される「いじめ」は、二〇一八年度の文科省調査によると、全国の小・中・高校で四一万四〇〇〇件も発生し、そのなかで大きなけがや生命にかかわる

「重大事態」にいたったものは四七四件と報告されています。

一九九〇年代より、とくに顕著となった「いじめ問題」の要因と解決策については、さまざまな提言がだされてきました。しかし、子どもたちが当事者となる事件がセンセーショナルに報道されるたびに、「心の教育の充実」が声高に叫ばれ、政府や文科省は、教育再生実行会議提言、中教審答申、「いじめ防止対策推進法」制定と進み、「道徳の教科化」に踏み切りました。もちろん、いじめ対策自体は「一刻も早く」「二度と繰り返さない」ために必要です。しかし、問題は、「いじめ」をどうとらえ、どのようにとりくむことが真の解決に結びつくのかという点です。

発表された報告や答申のどれからも、私には三つのことしか読み取れませんでした。すなわち、「いじめる子どもには、規範意識や公徳心、遵法《じゅんぽう》精神が足りないから厳罰を」、「いじめにかかわる子どもには思いやりや優しさが欠如している」、「教員がしっかり指導していない、指導力がない」ということしか述べられていないと思えるのです。

「いじめ」は重大な人権侵害

いうまでもなく、「いじめ」は「安心して、自由に、自信をもって生活することができない」という状況におかれることになるのですから、重大な人権侵害です。ならばそれは、「心がけや思いやり」で解決するものではなく、すべての子どもたちの「権利」をいかに保障していくのかという問題として考えられなくてはなりません。しかし、この二〇年近くの間、そうした視点から、「いじめ」問題のとりくみがなされてきたのでしょうか。

近年、いくつかの自治体や研究機関で、若い世代の人権意識調査がとりくまれていますが、その結果に驚きの声が上がっています。

たとえば「学校での部落問題学習経験」は七割以下にとどまり、一方で「いじめの直接体験」は七割以上もあります。しかも前者では、「差別を受けた人と出会った経験がない」という回答が九割にのぼるなかで、「思いやりや優しさをもてば差別はなくなる」と答えた若者ほど「差別される側にも責任がある」という回答が多くなる傾向が見られることが、報告されています。いじめを受けた体験についての、「日常的だったので、小中学校ではそれが普通だと思っていた」「中学校ではいじめは文化だった」という回答には、背筋が凍る思いがしました。

「昔からいじめっ子はおった」「少々のゴン太は当たり前だった」といわれる年配の方々もおられると思います。しかし、くり返しますが、「いじめ」は子どもたちの「生命にかかわり、人生を左右する人権問題」なのです。

項目のひとつになってしまった人権

たしかに、改訂された学習指導要領の「特別の教科 道徳」には、「よりよく生きるための基盤となる道徳性を養う」ために、「道徳的な判断力、心情、実践意欲と態度を育てる」と述べられ、小学校高学年や中学校では、指導すべき二二の項目があげられています。そこには、［規則の尊重］や［公共の精神］、［親切、思いやり］［感謝］［相互理解、寛容］に加えて、［公正、公平、社会正義］もあげられています。

しかし、このような「道徳科」の特性である心情主義的なアプローチだけで、先の諸調査の結果がしめす「人権問題であるいじめ」を解決するなど、できないことは明白です。

そもそも、一九九五年ごろより、「同和教育の普遍化」の名のもとに、部落問題をはじめ個別の人権問題についての学習が、「人権学習一般」に薄められ、さらにいま、その人権学習さえ、道徳科の一項目にされようとしています。こうした教育の動きこそが、「いじめが日常」といわしめる教育現場をつくってきたのではないでしょうか。

国語の授業と道徳の学習

そもそも、今回の改訂にさかのぼる二〇〇八年に改訂された「学習指導要領」の冒頭には、「教育基本法」にしめされた「目標」がびっしり書きあげられています。みなさんもご存じのように、二〇〇六年に改悪された「教育基本法」は、教育の「目標」に「国を愛する態度」が書き込まれたのでした。

さらに、この二〇〇八年度改訂「学習指導要領」には、全教科・領域の「指導計画の作成と内容の取扱い」のなかに、たとえば国語科なら、「道徳教育の目標に基づき、道徳の時間などとの関連を考慮しながら、国語科の特質に応じて適切な指導をすること」と明記されています。音楽でも図工でも、社会でも、体育でも、新設された小学校の外国語活動でも、総合的な学習の時間でも、とにかく「道徳教育を」という文言ばかり。これでは、「道徳のもとにすべての学校教育活動がある『道徳指導要領』ではないか」と批判されたのも当然といえます。

それが二〇一五年度の「学習指導要領一部改訂」によって、「特別の教科」として「道徳科」がおかれたのですから、戦前の教育が「修身」をすべての学校教育活動の上に立つ筆頭科目として進められた過程とまったく同じです。

道徳と人権は似て非なるもの

ところがこの時期から、「人権教育と道徳教育の整合性を探る」という発言が、これまで人権教育にとりくんでこられた方々からだされはじめました。たとえば、道徳でしめされる四つの視点について、「自分自身に関することは、自尊感情」「他の人とのかかわりは、多文化共生」「自然や崇高なものとのかかわりは、自然との共生」「集団や社会とのかかわりは、社会参加」ととらえて、「道徳教育と人権教育の共通性」を見いだすというものです。

また、二〇〇八年にだされた「人権教育の指導方法等の在り方について［第三次とりまとめ］」では、「人権についての知的理解」のうえで「人権感覚を育成すること」、そして「人権擁護を実践しようとする意識、意欲や態度を向上させ、実際の行為に結びつける実践力や行動力を育成すること」と整理されました。まるで、「人権」という語句を「道徳」に置き換えさえすれば、そのまま通じそうな文言です。

これではもはや、人権教育の核心が人権教育の四側面*1のなかでも「人権としての教育」にあること、つまり子どもたちの教育権や学習権の保障こそがもっとも重要であることが忘れ去られ、たんなる「人権についての学習」に矮小《わいしょう》化されてしまっているといると指摘せざるをえません。

しかし、「道徳の学習」と「人権学習」は、はたして同じものなのでしょうか？

「わたしと小鳥とすずと」の授業から

私が中学年を担任していたとき、国語科の教科書教材に金子《かねこ》みすゞさんの詩「わたしと小鳥とすずと」がありました。

わたしが両手をひろげても、お空はちっとも飛べないが、
飛べる小鳥はわたしのように、地面《じべた》をはやくは走れない。
わたしがからだをゆすっても、きれいな音は出ないけど、
あの鳴る鈴はわたしのように、たくさんなうたは知らないよ。
鈴と、小鳥と、それからわたし、みんなちがって、みんないい。

多くの授業では、まず音読したあとに、子どもたちに初読の感想を求め、「この詩に登場するわたしと小鳥とすずのできることと、できないこと」を読み取っていく学習が進みます。そして、「この詩にある『みんな』はだれのことでしょう」という発問から、子どもたちの読みを深め、詩題の「わたしと小鳥とすずと」に着目させて、「作者はすべてのものがそれぞれちがって、それでいい」と伝えたかったのだと読み取らせていく展開で進められます。

私もまたこのような授業展開を構想していたのですが、あるとき先輩から、「詩のなかでは『鈴と、小鳥と、それからわたし』と書かれているのに、題は逆になっている。それはなぜだと思うか?」と問われました。

抜け落ちていた真の教材研究

突然の問いかけに戸惑った私は、あらためて金子みすゞさんの生涯について学び直し、この詩が書かれたころに彼女は病に臥《ふ》せていたことを知りました。そこで、子どもたちにも同じ質問をしたうえで、「この詩を書いたときのみすゞさんはどんな様子だったのか、詩全体から思い浮かべて考えてみよう」という発問を加えました。すると、「元気がないとき」「病気で寝ているのでは」といった情景を思い浮かべた子どもたちから、「自分は何もできないと思っているときに、すずや小鳥を見て、私にもできることがあると、小鳥やすずから元気をもらったので、詩のなかでは順番が逆なんだ」という意見が出てきました。

ここまでの授業展開をいまの教育状況に照らせば、前者までなら国語科の学習、そして「友だちのよいところを見つけることで自分のよさも見えてくるんだね」と、「よいところ見つけ」と重ねて、「友情・信頼」「個性の伸長」といった道徳的価値にかかわる「道徳科の授業」とみることができるのではないでしょうか。

しかし、これは「人権学習」ではありません。なぜなら、この学習では、金子みすゞさんが、なぜ病に臥し、苦しい境地に追い込まれたのか、彼女の「権利」について、まったくふれていないからです。

道徳と人権学習の根本的ちがい

「人」がいてこその人権学習

金子みすゞさんは、一九〇三年に日本海に面した山口県の仙崎《せんざき》村で生まれ、三歳で父親を亡くしました。高等女学校卒業後、下関《しものせき》に移り住んだ彼女は、二〇歳のときに雑誌に投稿した詩が注目されることになりました。

その三年後、義父が経営する上山文英堂の番頭格の男性と結婚し、娘さんが生まれたものの、問題を起こして退社させられた彼に従って、彼女も店を出ることになります。その後も、彼の放蕩《ほうとう》は収まらないどころか、彼女には詩の投稿や詩人仲間との文通も禁じ、さらに彼女に性病を感染させてしまうなど、さんざん彼女を苦しめたのです。やっとのことで一九三〇年二月に離婚が決まったものの、手続き上は成立せず、「せめて娘を手元で育てたい」という彼女の求めも拒絶されてしまいます。三月一〇日、彼女は「娘を自分の母に託すこと」を懇願する遺書を遺《のこ》し、二六歳の生涯をみずから閉じてしまいました。

こうした彼女の生涯を理解すれば、「病気で寝込んでいるのでは」「元気がないのでは」と、子どもたちが思い浮かべた情景が間違っていないことがわかります。そして、何より戦前の女性がおかれていた状況、権利の剥奪《はくだつ》がくっきりと浮かび上がります。

たとえば法的なことだけでも、結婚するさいには戸主《こしゅ》の承諾が必要なこと、離婚にさいしても男性の承諾が必要なこと、そして、子どもの親権は父親に属するとされていることなど、女性の権利はまったく保障されていません。実生活においては、すでに彼女の生涯で見たように、男性に支配されることが当然のような状況だったのです。

これらをふまえて、あらためて「わたしと小鳥とすずと」を読むなら、「すべてのものに存在する意味がある、自分にも生きる権利がある」という金子みすゞさんの強い思いを読み取れないでしょうか。

人権を侵害された人々の立場から

この思いは彼女のほかの詩にも表れています。たとえば「星とたんぽぽ」では……

青いお空のそこふかく、海の小石のそのように、夜がくるまでしずんでる、
昼のお星はめにみえぬ。見えぬけれどもあるんだよ、見えぬものでもあるんだよ。

ちってすがれたたんぽぽの、かわらのすきに、だァまって、春がくるまでかくれてる、つよいその根はめにみえぬ。見えぬけれどもあるんだよ、見えぬものでもあるんだよ。

ここでは、権利を奪われた彼女が「ここにいる」と訴えているように私には読めます。

このように、人権学習であるなら、たんなる「道徳的心情の共感」とか「違いを認め合う道徳的価値の理解」といったことでは決してなく、学習のなかに「人」がしっかりと存在することが必要です。「人の生き様」「人の行為や行動」、そして何より「人の権利」を歴史的文脈と当時の社会的状況をふまえて、具体的に学び取っていくことによって初めて、人権についての「知的理解」のうえでの「人権感覚」や「実践力や行動力」の育成という目標に迫れるのであって、ここに「道徳教育」と「人権教育」のもっとも大きな相違があるのです。

確かな歴史認識と社会認識のうえで

若い世代から人権学習経験を聞くと、「話を聞いて差別はいけないと思った」とか「アイマスク体験をして見えないことは怖いと思った」などがだされる一方で、「在日韓国・朝鮮人の人たちだけどうして在日外国人と分けてあるのですか」といった質問や「障がいをもつ人はかわいそう」という言葉が、何の疑問もなく発せられます。さらに問い返しをしていくと、「在日コリアンの人々の人権」や「障がい者の人権」について学んだことはあるものの、近代以降、この国が朝鮮半島や中国をはじめアジアの国々にどんなことをしてきたのか、戦前の徴兵制では人間に等級が付けられるなど、「障がい者」とされた人々がどのような仕打ちを受けてきたのかという歴史認識が、すっぽり抜け落ちていることに気づきます。

さらに、今日の社会で「国籍」がどのような意味をもつのか、「障がい」を「社会モデル」[*2]としてとらえることがなぜ重要なのか、という社会認識にも危うさを感じます。

人権教育の基盤を築いてきた同和教育では、「現実認識」を大切にしてきました。「いま、ここで生きる」ために、「いま」と「ここ」がどのような経過と状況によって存在しているのか、「歴史認識」と「社会認識」をしっかりと育むことが大切にされてきました。

それは何よりも教員自身に求められてきたことであり、授業の組み立てにおいても、その教材がもつ「歴史性」と「社会性」を深く理解してこそ、確かな学習が展開できるのではないでしょうか。

「修身」と酷似する「私たちの道徳」

「特別の教科 道徳」が、戦前の「修身」の復活であるとしか思えない理由はさまざまありますが、まずはすでに述べたように、どちらもすべての学校教育活動の上に立つ「筆頭科目」として位置づけられている点にあります。

戦前の「修身」は、そもそも福澤諭吉《ふくざわゆきち》たちが、欧米のモラルサイエンス（moral science）を修身論と翻訳し、一八七二年に「学制」が発布されたころから、近代社会で生活するうえでのモラルを口頭で教えるかたちで行われていたといわれていますが、国家の関与が強められた一八七九年の「教育令」によって、筆頭科目となっていきました。そして、一八九〇年に、国家主義的教育を推し進めるために「教育ニ関スル勅語」が出されると、この教育勅語にしめされた徳目を毎学年（毎巻）でくり返し教える検定教科書を使用することとされ、さらに一九〇三年には国定教科書によって子どもたちに徹底されていきました。

時代とともに変わる「修身」教科書

では、いったいどのような内容だったのでしょうか。私の手元に、復刻された一九一八（大正七）年と一九三六（昭和一一）年の、それぞれ『尋常小学修身書巻一』と題された二冊の教科書（小学校一年生用）があります。

一九一八年の教科書は、白黒印刷の三二ページ構成。その「モクロク」（目次）を見ると、「ヨク マナビ ヨク アソベ」「ジコク ヲ マモレ」「ナマケル ナ」「トモダチ ハ タスケアヘ」といった項目が並んでいます。最初の項目「ヨク マナビ ヨク アソベ」では、一ページの上半分に、髭《ひげ》をはやし、詰め襟の上下服姿の男性教員が黒板の絵図を指し棒でしめしながら、姿勢良く座った子どもたちに授業する様子が描かれ、下半分には、同じ教員が着物姿の小さな子どもたち八人の男女と手をつないで輪になって遊んでいる絵が描かれています。

一方、戦時色の強まった一九三六年の教科書は、表紙も水色で絵図はすべてカラーです。その表紙を開くと、二ページぶち抜きで、皇居の二重橋から騎馬隊に守られて出発する長い馬車の列と、それを敬礼して見守る兵士と子どもたちが描かれています。そして、「モクロク」には、「ガッコウ ニフガク ヨク マナビ ヨク アソベ」「テンチャウセツ」「センセイ」と続きますが、ここでは和服姿の母親に手を引かれ、学帽と学生服で登校する男の子の姿から始まっています。

国家の意思を注入するための「修身」

さらに、「チュウギ」という項目では、見開きで、次のように書かれています。

「キグチコヘイ ハ、イサマシク イクサ ニ デマシタ。テキ ノ タマ ニ アタリマシタ ガ、シンデ モ、ラッパ ヲ クチカラ ハナシマセン デシタ。」

絵図は、銃剣を構えて突き進む三人の兵士の後ろで、紅白の組み紐《ひも》で飾られたラッパを口にあてたまま、まさに後ろ向きに倒れる木口小平の姿が描かれています。岡山県で生まれ、日清戦争に出征させられ、二二歳の若さで戦死した彼を「理想像」として、小学校一年生に教え込んでいたのです。

こうした「修身」が筆頭教科なのですから、その内容にしたがって他教科の教科書も作成されます。一九一八年の『尋常小学国語読本巻一』では、「ハナ」「ハト マメ マス」と始まっていたものが、一九四一年には『ヨミカタ』となり、「アカイ アカイ アサヒ アサヒ」「ヒノマル ノ ハタ バンザイ バンザイ」「ヘイタイサン ススメ ススメ」から国語の学習が始められていったのです。

「修身」には、もちろん「オモヒヤリ」という項目もあります。その内容は、「メノ ミエナイ人ガ ミヅタマリノ中ヘ フミコマウトシマシタ。コサブラウ ハ テヲ ヒイテ、ミチノ ヨイトコロ ヘ ツレテ イキマシタ」という、まさに「思いやり、心がけ」を教え込むものです。

隠れたカリキュラムによるすり込み

さらに、こうした直接的な記述だけが問題なのではありません。「ワタクシ ノ ウチ」では、「ワタクシノ ウチ ハ、ミンナ デ 七ニン デス。ソロッテ ユフゴハン ヲ イタダク トキ ハ、ホンタウ ニ タノシウ ゴザイマス」という文章の下に、食卓を囲む家族の絵が描かれています。

いちばん上座《かみざ》には、小学校低学年くらいの長男、続いて、父、祖父、祖母が座り、手前に中学生くらいの長女、末席で母親がご飯をよそっていて、そこへよちよち歩きの次男が近づいてくるというもの。家父長制そのものの絵によって、子どもたちに「家族とはこのようなもの」とすり込んでいくことが、行われていたのです。

実は、二〇一四年から子どもたち全員に無償配布された文部科学省発行の副読本『私たちの道徳』にも同様の構図の絵が載せられています。小学校五・六年用の「家族の幸せを求めて」では、草原を散歩する家族のカラー写真があり、右端に幼い男の子を肩車した父親、その隣に祖父、ゴールデンレトリバーを連れた小学生の女の子、その母親、そして祖母という構図です。中学生用でも「家族の一員としての自覚を」というテーマの写真は、ソファーに座る家族で、両端が父親と祖父、その内側に、母親と祖母、中心に中学生の女の子と小学生の男の子という構図です。

はたしてクラスのなかに、こんな家族構成でにこやかに日々を送っている子どもたちなど、どれだけいるでしょうか。これを「理想の家族の姿」として見せられる子どもたちは、いったいどんな気持ちでいるのでしょうか。私たちは「教育の力」がもつ大きさとともに、恐ろしさも認識すべきだと思います。

同和教育の先駆者の方々の思い

「修身」を中心とした教育によって、数多くの子どもたちを戦場へと送り出し、絶望的な結末を迎えさせたこと。戦禍のなかでなお「お国のために……」と命を捨てることを命じたこと。その深い反省のうえで、戦後の民主教育は、「修身を廃止し、民主主義を徹底する」ことから出発しました。

だからこそ、一九五八年の学習指導要領の改訂で「道徳」が設置されたとき、多くの人が、戦前と同様に「お国に都合のよい人間を育てること」につながると危惧し、「戦前の修身の復活だ」と反対したのです。

今回の「道徳科」によって、それは危惧ではなく現実のものとなったといわざるをえません。その象徴的な部分を、二点にしぼって述べておきます。

「国家の形成者」として

まず、学習指導要領の総則にかかれた「目標」と「内容」について。今回の改訂では、生徒の「道徳性を養うことを目標とする」としたうえで、「豊かな心」などの内容が明示されています。

そのなかに、これまでなかった「国家及び社会の形成者として」という言葉が挿入され、最後は、「主体性のある日本人の育成に資することとなるよう特に留意すること」と締めくくられています。

つまり、少なくともこれまでは、道徳教育のなかでのさまざまな学習の目標が、個々の生徒の成長のために「道徳性を養うこと」におかれていたものが、今回の「道徳科」では、「国家の形成者」としての「道徳性」を求めると明記されているわけです。

二点目は、わずかな変更ですが、見逃すわけにはいきません。これまで「教師と生徒及び生徒相互の人間関係を深める」ことが道徳教育を進めるうえでの前提と明言されていた部分が、すっぽり抜け落ちていることです。たしかに改訂後にも「教師が生徒と共に考える姿勢を大切に」とはあるものの、この部分が消されたところに、「教える立場と教えられる立場の固定化」という教員の立ち位置にかかわる重要な問題が潜んでいます。

いまあげた二点を見ただけでも、過去の人々が危惧した「修身の復活」が現実のものとなったといえば、言い過ぎでしょうか。昨今の政治のスローガンである「戦後レジームからの脱却」は、まさに戦前の社会への回帰にほかならず、教育もまた戦前に戻されようとしています。「道徳科」の設置の真の目的は、「いじめ問題の解決」ではなく、ここにあったのです。

道徳と向き合ってきた解放教育

一九五八年の「道徳」設置をふり返れば、それに対して先頭に立って反対してこられたのが、当時の同和教育の研究者であり、実践してきた教職員たちでした。国家のもとに「あるべき人間像」を押しつけることこそが、戦争の惨禍へとつながったことを深く反省し、道徳教育が、子どもたちのさまざまな問題を「個人の問題」「心がけの問題」に解消し、教師の求める姿へと子どもたちを指導するとりくみにすぎないことを見抜き、闘ってこられました。

すなわち、「遅刻」することや「友だちに暴言を吐く」のは「子どもが悪い」と、問題をその子どもの責任にして、「なぜ、その子がそのような行動をとるのか」を問わない教育姿勢を徹底して批判されたのです。なぜなら、そうした「問題ある行動に及ぶ子ども」の背景には、「不安定就労、低収入、生活苦、不就学」といった部落差別がもたらす厳しい生活実態のなかで暮らしている現実があることを、身をもって知っていたからです。

そして、そうした教育の基軸となるべき「学習指導要領や教科書が、差別をなくすどころか子どもたちを切り捨てるものになっている」という危機感のもと、一九六九年に「全国解放教育研究会」が結成されました（『解放教育』創刊号、一九七一年、明治図書参照）。

ここに集まられた先輩たちは、差別や抑圧のもとにおかれている子どもたちの現実から出発する教育実践の指針として、解放教育副読本『にんげん』の編集、作成、発行、活用を大きな教育運動として進めてこられたのです。私も活用していた『にんげん』とは、どのような副読本だったのでしょうか。

タテマエを乗り越える力のある教材

学校教育総体を問い直す『にんげん』

同和教育における副読本は、一九六〇年、奈良県において『なかま』が刊行され、子どもたちに正しい部落問題認識を育んでいくために「どのように教えたらよいのか」「どのような教材がふさわしいのか」と悩む学校現場で活用されていました。そうしたなか、一九七〇年に大阪で『にんげん』が刊行された背景には、学習指導要領が一九六八年に改訂されたことがありました。

この改訂で大きく問題視されたことは二点、ひとつは、さらなる経済的発展を支える人材を育成するため、「教育の現代化」のもとで学習内容の高度化と量の増加を図りました。二つめは、「社会および国家の成員として必要な道徳性」を育むとして、「道徳の時間」のよりいっそうの徹底が図られたことです。

こうした「子どもたちを差別選別する教育」「社会の秩序を強調する道徳」が強化されることに対抗する教育のあり方が模索されるなかで、副読本『にんげん』が刊行されたのでした。ですから、『にんげん』は、「道徳副読本」に対抗するためだけに作成されたわけではありません。むしろ、学校での教育活動全体がどうあるべきか、被差別の立場におかれた子どもたちの視点から問い直し、子どもたちに育てていくべき力を「解放の学力」として規定しなおしたうえで教材が選定され、小学校一年生から、中学生、成人用までと順次刊行されていったのでした。Part1（11頁）に紹介した「集団主義の思想」「科学的認識」「解放の自覚」からなる学力観にもとづいて作成されたこの副読本は、国語科や社会科はもちろん、教材から発展させた図工科や音楽科の学習、さらには、理科や数学科などの学習にもつながる副読本として位置づけられて、大阪府内のすべての子どもたちに無償配布され、実践されていきました。

「いっぺんどなったろか」

奈良での『なかま』、大阪では「にんげん実践」と呼ばれた教育活動が進められだしたころ、学生だった私は、大阪や奈良の友人を通して、こうした副読本の存在を知りました。部落問題や人権問題についてほとんど学んだことがなかった私は、このような体系的な副読本を通して学習してきた友人の話は驚きでした。

さっそく『にんげん』を読んだとき、数多くの教材のなかで、もっとも衝撃を受けたのは、小学校四年生用の巻頭に掲載されていた「いっぺんどなったろか」という教材でした。


「ろうかを走らないようにしましょう。」

「わるいことばは、やめましょう。」

「そうじをねっしんにしましょう。」

「さんせい！」「さんせい！」

みんな、いいことばかりいっている。

まもることとなんか考えていない。

できもしないのに、きめるだけの児童会。

いっぺん　どなったろか。


こんなにも見事に、タテマエとホンネを突き抜いた教材があるだろうか。私自身が学校教育に、教員たちにいだいていた思いが、この「いっぺんどなったろか」という言葉に収斂《しゅうれん》されるものだったと、そんな思いにかられました。この詩が端的にしめしているように、「ルールを守れ」や「忘れ物をするな」「仲よくしなさい」などといわれても、「家の手伝いに追われている」「朝食を用意してもらえない」「家庭に自分の物を置く場所がない」「仲よくするにもゲームやアニメなどの話題についていけない」など、「したくてもできる条件がない」という厳しい生活実態におかれている子どもたちが切望しているのは、こんな「タテマエ」ではなく、現実の生活を互いに知ったうえで、自分の辛さや悩みを含めた「ホンネ」で語り合える関係です。心がけ主義の道徳教育と、同和教育や人権教育が根本的に異なるのはこの点です。

『にんげん』には、こうした子どもたちの「綴《つづ》り方」から生まれた生活に即した教材が多数掲載されていました。また、「里子の決心」や「クレヨンはぬすんだのじゃねえ」といった差別に直接切り込む教材、高学年や中学生用では、部落の歴史や沖縄の歴史、戦争の現実などを深く学ぶ教材もありました。子どもたちが触発されて、みずから語りたい、話したいと動き出す教材を、私たちは「力がある」と呼んでいました。

いま、「読む道徳から考える道徳」というフレーズがしきりに使われていますが、「考える」ためには、「タテマエ」ではなく「ホンネ」で語り合える「力のある教材」が必要なのです。

教材を深く理解する視点

道徳科の完全実施に向けた動きを先取りして、この数年間、「道徳」を冠した書籍が続々と刊行されてきました。そのなかで多く好まれて教材とされているのが「伝記」、正確にいえば、ある人物のあるエピソードをとりあげた教材です。

個人の功績の裏で抜け落ちるもの

ひとりの人物の生涯すべてを短時間の学習教材として扱うことは不可能ですから、ひとつの特徴的なエピソードをとりあげて教材化することになります。しかし、だれしも功績があれば、同時に過ちも、間違いもあります。そうしたことも含めて、人としての生き方を子どもたちと学ぶことが大切であり、とくにその時代の社会状況をふまえて、「時代のなかで、何を大切にして生き抜いたか」を、私なら学び合いたいと思うのです。

たとえば、中学校道徳資料集では、「杉原千畝《すぎはらちうね》」の功績がとりあげられています。第二次世界大戦中、外交官としてリトアニアの領事館に赴任していた杉原さんは、ナチス・ドイツの迫害によりポーランドなど各地から逃れてきたユダヤ難民に対して、外務省からの訓令に反して大量のビザを発給し、およそ六〇〇〇人の命を救った人物で、その功績は「日本のシンドラー」として国際的にも認知されています。

しかし、多くの教材はこのことを「誇りうる人物」としてとりあげるものの、「命令に背いた」として外務省が彼に退職通告書を送付し、依願退職を強要したこと、また戦後、彼の消息を尋ねるユダヤ人協会からの問い合わせに対しても、「SEMPO SUGIHARAという外交官は過去においても現在においても存在しない」（千畝は現地の人が言いにくいためにSEMPOと呼ばれていた）と回答していたことや、さらには、外務省の同僚たちも「ユダヤ人に金をもらってやった」と誹謗《ひぼう》中傷したことなどには、一切ふれていません。

私たちが大切にしたいのは、たとえ相手が国家権力であろうと、たとえ自分が処罰を受けようとも、人命尊重を貫き通した彼の姿勢について考えることです。

重大な選択を迫られたときに、いったい自分は何を判断の基準として行動するのか。それは、「道徳性」という曖昧なものではなく、「人権を守る」という不変であり普遍の原理であることを、子どもたちと学び合うことができるか。そんな学びができる教材こそ、「力のある教材」といえるのではないでしょうか。

同和教育が大切にしてきたこと

かつて同和教育では、「非行は宝」という言葉で、「子どもたちの問題ある行動」を教育への問題提起だととらえた実践が展開されました（27頁参照）。あるいは、「非行は差別に負けた姿」として、その子のエネルギーを差別と闘う方向へと向けていく実践が大切にされました。

「きまりを守れない」「暴言を吐く」子どもが悪いと短絡的にとらえるのではなく、「なぜその子はきまりが守れないのか」「なぜその子は友だちを傷つけてしまうのか」、その背景を探り、子どもたちがよりよい人間関係を築けるまで導くことが、教育の本質的な営みです。「問題行動は即、警察に」ではなく、どんな子どもに対してもあきらめない、どんな問題にもひるまない。それが同和教育にとりくむ人たちが大切にしてきたことでした。

「同和教育が積み上げてきた原則と実践をすべての子どもたちに普遍化していく」として、とりくんできたはずが、いつのまにか「人権・同和」となり、さらに「人権・道徳」、そして「道徳の一項目」へと、呑《の》み込まれていこうとしています。そこには、差別や人権侵害を個人の問題にとどめ、「差別する者は道徳心のない人間」「差別される者はかわいそうだからいたわってあげましょう」とする明らかな「差別的まなざし」が見え隠れします。

しかし、「人には生きる権利があり、学ぶ権利があり、何人も、ましてどのような権力も、それを侵害してはならない」という人権教育こそ徹底されるべきであり、その原則を揺るがせないためにも、六〇年以上にわたって積み上げられてきた同和教育・解放教育を消しさってはならないはずです。

とりわけいま、「道徳科」設置を中心に、「愛国心」や「国旗・国歌」の徹底が強く求められています。戦前、被差別部落の子どもたちは、国民融和デーに「日の丸」の小旗を持たされて、明治天皇陵に参拝させられ、戦勝祈願に「君が代」を歌わせられました。もちろん教員によって……。朝鮮半島や中国をはじめアジア各地の子どもたちも、母語を禁止され、それぞれの地に建てられた護国神社に同じく参拝させられました。もちろん教員によって……。そして、数知れない子どもたちが「日の丸」の鉢巻きをさせられ、「君が代」に送られて戦場で命を散らしていきました。それを求めたのもまぎれもなく教員です。

私たちがなすべきことは……

「ひとりひとりの子どもの確かな成長を育む教育」から「国家の発展のための教育」へ。逆流する流れをどう押し返していくかが根本的な課題だとしても、教育に携わる者は、「子どもたちの最善の利益」のために日々の教育活動をとりくむべきことはいうまでもありません。ならばいま、私たちができること、なすべきことは、どのようなことなのでしょうか。

まず、明確にすべきは、私たちがどのような人間を育てようとしているのか、「めざす子ども像」です。学習指導要領は、子どもたちが学習に向かう「関心・意欲・態度」の評価を大きく超えて、「学びに向かう力」や「人間性」を評価の対象とする、と明言しました。ならば、日々の教育活動はどのような「人間性の育成」をめざすのかが、もっとも重大な論点となります。

同和教育、解放教育は、「差別を見抜き、差別を許さず、差別と闘う子ども」の育成をめざしてきました。そこには、「見抜く＝認識」「許さず＝判断」「闘う＝態度・実践力」を育む意味がこめられていました。「先行き不透明な時代」であるいまこそ、この視点にあらためて立つことが重要です。「だれもが安心して自信をもって自由に生きることができる社会を築く子どもたち」を育てるために教育の営みがあることを再確認したいと思います。

確かな認識が培われてこそ

あえて、このように問いかけるのは、道徳教育と人権教育の決定的違いが「思いやりや心がけではなく、権利を学ぶこと」だからです。たんなる精神論や感情論でなく、「正しく知る」という確かな認識を育むことが、まず大切ではないでしょうか。「知識だけでなく感性を磨かないと行動につながらない」という人もいます。たしかにそのとおりです。しかし、「正しく知る」ことが前提になければ正しい行動をとることはできません。

では、育むべきはどのような認識でしょうか。かつて全国同和教育研究協議会は、教科でぶつ切りにされたような「学力」ではなく、「言語認識」「社会認識」「自然認識」「芸術認識」の四認識を打ち出し、実践を進めました。

これまでの先輩たちが築き上げてきた実践をふまえれば、「人権教育の視点」として、ちまたにあふれる非合理な精神主義的言動に惑わされない「知性的な社会認識」や、観念的な「畏怖や畏敬」などではない「科学的な自然認識」、そして、ともにこの社会を生き抜いていく「共感的な他者認識」や「肯定的な自己認識」を育んでいくことこそが求められるのではないでしょうか。

とくに戦後、「修身科」などを厳しく批判、否定して設けられた「社会科」がしだいにないがしろにされ、指導要領の「目標」に「我が国の国土と歴史に対する愛情を深める」という戦前に回帰するような文言が加えられた状況のなかで、私は、これらの「認識」を育むという本来の教育の目標に立ち返るべきと思っています。

同和教育実践を継承することから

現実には検定教科書が導入され、「教科書教材を教えなければならない」という状況にあっては、その教材を深く分析し、「どのような認識を育んでいくのか」という視点から読み解いて授業を行うことが、まず求められます。教科書教材を鵜呑《うの》みにするのではなく、「人権の視点」としての四認識から批判的にとらえて学習することは、きわめて重要です。

でも、教科書教材を教えているだけでは、部落問題も民族問題も、それを正しくとらえる科学的認識を育むことなど到底できはしません。だからこそ、「検定教科書が導入されるからこそ重要性が増すそれぞれの学校や地域の創意工夫による補助教材の作成・活用」（道徳教育に係る評価等の在り方に関する専門家会議報告）と書かれていることを手がかりに、これまで同和教育、人権教育実践を通して確かめられてきた「力のある人権学習教材」を年間計画にしっかりと位置づけることや、「地域に根ざした学習教材」をよりいっそう開発し、活用した学習を展開することが、ますます重要です。

それと同時に、「認識は教え込むことで獲得されるのではない」ということを忘れてはなりません。子どもたちは、社会体験や自然体験、そしてたくさんの他者とのかかわりのなかで、笑ったり泣いたり、時には、悲しいことやつらいことも含め、豊かで多様な経験を通して、認識を深めていきます。だからこそ、日々の生活の一場面、一場面で、ひとりひとりの子どもたちに丁寧に接することこそが、「認識」を、そして真に「道徳性」を育んでいくのです。

道徳の教科化が止められないなかでも、私たちが子どもたちに日々とりくんでいることは「人権教育なのか、道徳教育なのか」を常に自問自答しながら、自覚的に実践を積み上げていくこと、それが、「教育者」として貫くべき姿勢だと思います。

また、こうした実践を積み上げ、共有していけば、「道徳科」の枠組みから出発しつつも、それを突破する「人権を尊重する生き方のための学習項目」を、差別をなくそうとする人たちとともに提起でき、その視点にもとづいて教材を精査した「真の教科書」を生み出すことができるのではないでしょうか。

そんなことを思い描きながら、「自分は正しいと思っている人間が正しいと思っていることを子どもに教え込む道徳の授業」ではなく、「間違いだらけの人間が正しく行動できる人間になりたくて子どもたちとともにいきいきと学び合う人権教育」が大きく広がっていくことに、私は希望を見いだしたいと思っています。

さて、この章の冒頭で、私は、人権教育の核心は「権利を学ぶこと」にあると述べました。最終章では、「いま」「ここ」にある部落問題を提起して、部落問題と向き合う解放教育の意味を再考したいと思います。

＊1　人権教育は、「人権としての教育（education as a human right)」「人権についての教育（education on or about human rights)」「人権を通じた教育（education in or through human rights)」「人権のための教育（education for human rights)」の四側面がある。

＊2　社会モデル　「障がい」は個人にあるとする医学モデルではなく、社会にこそあるという考え方。障がい者差別にとどまらず、これからの社会を考える基本である。

Part 6

「いま」「ここ」にある部落問題にむきあう教育とは

部落差別とはなにか

突然の「全国部落調査」販売

二〇一六年二月五日、突然、ネット上に次のような告知が出されました。

「復刻・全国部落調査を四月一日に発売します。旅行のお供に、図書館での添削《ママ》に、役立つことでしょう」、続いて「アマゾンで『全国部落調査』の予約受付を開始しました。熱烈な予約注文をお願いします。日本の出版史に変革をもたらす本です」

この告知とともにアップされていたのは、真っ赤な表紙に白抜きで「全国部落調査」と題された本の写真でした。知人からの連絡で私が知ったのは翌六日の土曜日、「まさか……」という思いで、このサイトを確認しました。

販売しようとしたのは、「鳥取ループ@示現舎《じげんしゃ》」を名乗る者たちで、表紙には、「復刻 第一版 全国部落調査―部落地名総鑑の原典―」と記され、著者として「財団法人中央融和事業協会」「全国部落解放協議会」、そして出版社名は「示現舎」とありました。定価は「本体九二六円＋税」、さらに下部には、「昭和一一年三月に発行された幻の書を復刻 五三六〇余の部落の当時の地名に加え、現在地名も出来る限り掲載」と書かれていたのです。

内部資料だった「全国部落調査」

彼ら（鳥取ループ@示現舎／以下同）が「復刻」と称して販売しようとした「全国部落調査」とは、戦前に水平社運動や融和運動の盛り上がりによって、政府が具体的な対策を求められるなかで、外郭団体である中央融和事業協会が、一九三五年に実施した全国調査をまとめた冊子でした。同協会は、全国の府県に被差別部落の所在地、戸数、人口、主な職業、生活程度の報告を求めたこのデータをもとに、「融和事業完成十カ年計画」を策定しました。この報告書は、こうした行政施策をすすめるためにのみ必要な資料であったため、刊行当時から「内部資料」「部外秘」とされていたのでした。

しかし、戦中戦後の混乱のなかで、市中に出回っていたこの資料を入手した者たちが、体裁を整えて、企業や病院、大学、個人など二二〇社に、一冊三〜四万円で売りつけていたことが発覚したのが、一九七五年の「部落地名総鑑事件」でした。当時、八種類の地名総鑑が摘発され、すべて回収・焼却処分とした法務局は、一九八九年に「終結宣言」を出し、「今後もこのような断じて許されないことは厳しく監視していく」と明言していました。

そのような資料に、彼らは原本にはない現在地名を書き加え、さらに「第一版としたのは今後、読者の協力を得て、現在地名を書き加えていくため」と述べ、公然と販売するとしたのです。

私は、めまいを起こしたような気持ちでした。「全国部落調査の復刻」などというものではなく、そこに現在地名を勝手に書き込み、「ここが部落だと暴くために」彼らが独自に作成した、差別を拡大する商品以外の何ものでもありません。

販売中止を求めて

土日の間、知人・友人と連絡をとりながら、まずは彼らが販売しようとしているアマゾン社に販売中止要請のメールを送りました。同社は、電話での応対を行いません。そのため「アメリカ本社に要請する必要がある」と、英文の抗議文を送られた方もありました。週明けの八日からは、部落解放同盟を中心とする組織的な抗議も始まり、どれだけの方々が中止要請の働きかけをされたのかわかりませんが、二月一〇日、アマゾン社は、販売中止の措置をとりました。この時点でアマゾン社にはすでに五三冊の予約が入っていたとのことでした。

ネット通販での販売ができなくなると彼らは、「紀伊国屋と宮脇書店なら取次を通さず扱うのでここに注文を」と、書き込みました。すぐさま、両書店に直接交渉された方々によって、取り扱わないことが確約されると、今度は、「多少月日がかかっても、全国部落調査の出版は必ず実現しますよ。たとえ印刷所に圧力をかけようと、最近は中国でも韓国でも印刷を外注できるので無駄です。紙に限らず、電子書籍もアプリもあります。全国部落調査は不滅です」と、あくまで執拗《しつよう》に販売をやめようとしませんでした。

出版差し止めを求めて提訴

こうした状況に、三月二二日、部落解放同盟は、裁判所に「出版禁止等仮処分」を求めて提訴し、二八日に仮処分決定が出されることになりました。何とか出版を止めることができたのかと思いきや、彼らは、手元に届いた訴状や証拠の「全国部落調査」のコピーなどを、こともあろうに「Yahoo! オークションサイト」で販売したのでした。訴状のなかには、提訴人五人の方の生い立ちや被差別体験などの個人情報が書き記されていました。

ただちに多くの人たちがヤフー社にメールやチャットで抗議しましたが、対応のないまま、四月一日、この資料は五万一〇〇〇円でどこのだれかわからない人に落札され、販売されてしまったのです。ところが後日、抗議した私たちに「指摘により不適切と判断し削除しました」とヤフー社からメールが送られてきました。「すでに落札されたのに」と理解できず、さらに問い合わせると、なんと「販売した履歴を削除した」という驚くべき回答が返ってきたのです。

次々と引き起こされる事態に追われながらも、四月七日には横浜地裁が示現舎に出版禁止の強制執行を行うなど、暴挙をやめさせる動きがわずかな時間に大きく広がり、励まされる思いでいたところ、四月一二日、彼らは断念するどころか、驚くべきことを行いました。

「名乗ること」と「暴くこと」

ネットで世界中に拡散

示現舎は、四月一二日、ネット上で「復刻・全國部落調査の印刷用データを公開します。欲しい方は各自製作してください」と、印刷・製本方法の説明も加えて、PDFファイルを公開し、だれでもダウンロードできるようにして拡散するという出版以上の暴挙を行ったのです。さらにそこには、「そこまでされるならこうするしかありません。異次元の世界に突入しました」とのコメントも書き込まれていました。

いうまでもなく、インターネットは世界のどこからでもアクセスできます。彼らの行為によって「全国部落調査」はどれだけダウンロードされたか、どれだけの人たちがこのデータを手にしたか、そして、どのように使われたのか、あるいは、これから使われるのか、把握しようもなくなったのですから、このことがもたらす事態の深刻さは、想像を絶します。まさに彼らがいうように「異次元」の事態にいたったと、私は受け止めました。

差別の拡大を止めるため訴訟に

訴えを受けた横浜地裁相模原《さがみはら》支部は、六日後、「ウェブサイト掲載差し止め仮処分」を決定しました。しかし、彼ら示現舎は、ミラーサイトといわれる「複製サイト」にデータを移して閲覧可能な状態にしたまま、すでに自分たちの管理外だと開き直り、現在にいたっています。

実は、彼らは一〇年ほど前から、ネット上のサイトで、今回の「全国部落調査」のデータだけでなく、そこに「現在地名」「近くのバス停や公共施設名」「その地域に多い苗字《みょうじ》」などを書き加えて公開してきました。また、それらを地図上で表したり、その地域に出向いて撮影した画像を「部落探訪」と称してアップしたり、さらには、部落解放をめざす団体で活動する方々の「名前」「生年月日」「住所」「電話番号」なども掲載してきたのです。

とどまることのない彼らの暴挙に対して、ウェブサイトにこうした情報を掲載され、被害を受けた人々約二四〇人は、一人一〇〇万円、総額二億四〇〇〇万円の損害賠償請求訴訟を起こしました。差別が現存する社会のなかで、本人の同意なしにこうした情報が「暴かれる」ことは、たんにプライバシーの侵害にとどまる問題ではなく、その人の人生にかかわる問題です。そう考えると、総額としては一見多額であっても、一人一〇〇万円は実質的な被害賠償額として決して高くはないと思いますが、二〇一六年四月にこの訴訟が起こされ、現在もなお裁判が続いています。

「名乗る」ことと「暴くこと」

「鳥取ループ@示現舎」を名乗る彼らの目的は、いったい何でしょうか。彼らが立ち上げたサイト「同和地区 Wiki」には、こう書かれています。

「目的は、全ての同和地区の正確な情報を調査することです。上記の目的以外の、二次的な目的・思想信条・所属団体・社会的立場といったことは一切問いません。ただ『同和地区を特定する』という共通の目的を持つ人々によりこの Wiki は作られます。」

続けて、「自分の生まれ育ったところが部落だとわかっても差別されないような社会を作ることが目標」といった部落解放運動にとりくんでこられた方々の言葉を切り取って、自分たちの行為を「正当化」し、「自分たちのやっていることは研究だ」と語ります。

その一方で、「なぜ同和地区の場所を晒《さら》すのですか」とみずから設定した問いに、「理由は様々ですが、第一に『同和はタブーだ』と思い込んでいる人をおちょくるためです」と答えているのです。

これまでの長い部落解放の闘いは、みずから「名乗ること」(カミングアウト)と、他者が

「暴くこと」（アウティング）は、まったく異なるものであることを明らかにしてきました。また、部落の地名や所在地を明らかにすることの是非は、賤称《せんしょう》語の使用と同様に、「なぜ使うのか、なぜ明記するのか」という目的によって判断されると訴えてきました。こうした原則のもとで、私たちはこれまで部落解放運動や同和教育運動にとりくんできたのです。

しかし、彼らはそれを踏みにじり、「暴く」ことを執拗にくり返し、他者にも同じことをするよう扇動してきました。裁判が進むなかで、彼らは「部落民だと知ってショックで自殺する人がいるかもしれないだってさ、どこの部落にそんな奴がいるのか」とまで述べているのです。彼らには、これまで「暴かれること」によって筆舌につくせない苦痛や被害を受けてこられた方々の思いを受け止めようとする姿勢は一切なく、むしろ愚弄して、公然と差別を扇動し攻撃する姿勢に、怒りを禁じえません。

その結果、何よりも彼らがばらまいた情報によって、危惧していた部落差別行為が引き起こされるという事態が、実際に起こっているのです。

ネットで広がる差別の実態

ネット情報から知る部落問題

鳥取ループ@示現舎による部落を特定する情報の拡散から半年も経たないうちに、関西のある大学で、学生がネット版「部落地名総鑑」や「部落人名総鑑」を利用して、自分や友人などが部落出身ではないかなどを調べて部落問題のレポートにまとめたという事例が報告されました。驚いていたところ、直後にほかの大学でも同様のことが起きたという報告が続いたのです。

さらに、中四国地方のある中学校や関西地方のある高校でも、学校で部落問題を学習した生徒が、自宅に帰ってスマホやパソコンでネット検索したところ、「全国部落調査」がトップに表示されたので、地元の部落を調べ、学校で「どこが部落か、だれが部落民か」などを友人たちと話題にしていた事例も報告されました。

現在、国内のネット利用者は約一億人といわれ、子どもたちも、学校教育の場はもちろんのこと、多くが家庭でも利用しています。

学生たちと日々接していた私の経験からしても、とくに小・中・高校の教育で「部落問題を学んだことがない学生」ほど、疑問に思うとすぐさまネットで調べようとします。

それは決して悪いことではないのですが、現在、検索サイトで「部落」や「同和地区」を検索すると、全国の部落の所在地をあげた彼らのサイトが検索画面のトップに表示され、悪意ある偏見に満ちたサイトが続々と現れる状態になっています。アクセス数が多いほど検索上位に表示されるため、正しい情報よりも、むしろ差別を拡大するサイトやブログが上位に表示されるのです。

つまり、部落問題について知ろうと「検索」すれば、最初に目にするのがデマ・偏見にもとづく差別的情報であり、正しい知識を身につけていないからこそむしろ、そこに書かれていることを鵜呑みにしてしまう事態になっています。

こうした差別情報は次々と増幅されていきます。そのひとつに、「Yahoo! 知恵袋」という質問サイトがあります。このサイトは、日常のさまざまな疑問を書き込むと、それに対して寄せられた回答のなかから質問者が「ベストアンサー」を選ぶシステムで、たとえばレシピや観光スポットなどを尋ねるなど、多くの人々に活用されています。

この「知恵袋」のなかで、「同和問題に関する質問」が数多く行われています。しかも、その多くが「偏見にもとづく差別的な質問」であったり、土地取得や結婚にかかわって「同和地区の所在地」を尋ねたり、「身元調査」を依頼するなどの質問が横行している現実があります。

具体的には、この一年ほどの間にも、「同和地区の人との結婚に反対されている」「転居先が同和地区だった場合」という質問に対して、偏見に満ちた理由によって「やめたほうがいい」「購入しないように」とした回答がベストアンサーに選ばれ、なかには「結婚を断念しました」と質問者が返答している例もあります。

行政が部落を指定したから？

早急に求められるネット差別対策

いま、インターネット上には、鳥取ループ@示現舎のみならず、「どこが部落か」「だれが部落民か」に言及する数多くのサイトが存在します。それらは、「どこが部落かを晒す」「だれが部落民かを暴く」内容であり、なかには、「興味本位」や「面白半分」ではなく、画像や動画まで加えて閲覧者の「関心」を集め、アクセス数を増やすことで、広告主から広告収入を得るという「商売」になっているサイトまであります。

こうした事態が、子どもたちのみならず社会に影響を及ぼし部落問題解決を困難にしている責任は、こうしたサイトの開設者だけにとどまりません。このようなサイトに広告料を支払っている企業、開設の場を提供しているプロバイダー、そして、それらを放置しつづけている公的機関など、それぞれの責任はきわめて大きく、二〇一六年に制定・施行された「部落差別解消推進法」を活かして、早急に具体的な対策がとられることが必要です。

示現舎を名乗る人物による「部落の地名の拡散」という行為は、「差別を拡大する恐れ」ではなく、すでに現実社会で実質的な被害を引き起こしています。彼らの暴挙に対抗するだけの確かな教育を早急に進めていかなければ、子どもたちを「差別の加害者」に、そして「被害者」にしてしまうことになります。

しかし、そもそも「どこが部落か」「だれが部落民か」ということにこだわっているのは、だれなのでしょうか。ネット上で執拗にこうした行為を行っている者たちは、「どこが部落かを指定して対策を行ったのは市町村行政ではないか」「運動団体の幹部として名前を出しているではないか」といった論理を持ち出します。こんな暴論は無視すればよいのかもしれません。しかし、現実にこのような論理が、いまもネット上で拡散されています。ならば、まず「なぜ行政は部落を特定する必要があったのか」から説き起こしていかなければなりません。

なぜ行政施策が始まったのか

一九六五年、「同和対策審議会答申」が出され、一九六九年、「同和対策事業特別措置法」が制定されました。こうして部落問題を解決するための行政施策、いわゆる「同和対策事業」が始まりました。

たとえば、当時は被差別部落に入った途端に、道路が未舗装であったり幅が狭くなったりする状況は、いたるところに見られました。上下水道、ガスの本管が、すぐそばの国道や市道まで引かれているのに、部落には敷設されていないといった状況も当たり前のようにありました。なぜなら、それぞれの家庭への引き込みは、受益者負担を原則とされていたため、経済的にも物理的にも「できない」にもかかわらず、行政はそれを「放置していた」からです。これが、「一般行政は部落を素通りしていた」といわれたゆえんでした。

事業実施は対象を特定するしかない

「教育を受けられない子どもが多数居住している」「仕事に就けない人々が多数暮らしている」「狭小過密で老朽危険な家屋が立ち並んでいる」「水道も下水もなく衛生状態も悪い暮らしを強いられている地域がある」、そんな現実が明らかになり、いよいよ対策を実施していくとするなら、「どの範囲で、どれだけのことを実施する必要があるのか」を確定しなければ、事業など実施できようがありません。

それは、すべての行政施策にとって当然のことです。たとえば、教育行政は主に「年齢」を区切って実施されています。福祉行政は主に「収入」にそって、医療施策は「病状」に即して、などなど。地域を限定しての行政施策もあります。「豪雪地域」「離島」はいうにおよばず、長年の歴史性と地域特性から「沖縄」と「北海道」に対しては内閣府特命担当大臣が任命されています。このように、「対象をはっきりさせなければ、効果的で効率的な行政施策など進められるわけがない」のは自明のことです。

目の前に前述のような暮らしを送っている人たちがいるからこそ、対策事業を進めるとなったときに、「どこまでの地域を対象に」「どれだけの人を対象に」実施するのかを「指定」し、「どんな事業をどれだけ行うのか」を決定していったのは当然のことだったのです。

かつて中央融和事業協会が実施した「全国部落調査」も、これまで総務庁をはじめ各自治体が実施した調査も、すべてこのためでした。「差別されている部落があるから、その地域を対象に対策を行うため調査を実施した」のですから、「行政資料だから」と拡散することは、調査資料の目的外違法使用にほかなりません。

私たちは、いまあらためて、「被差別部落民である」ことをみずから名乗ることを選択した人々の思いを考えなければならないと思います。

名乗る生き方を選択した人々

差別とどう向き合うか

「自身のまわりに差別が存在する。差別する人間がいる」という状況のもとで、自分が「差別される可能性のある人間だとわかったとき」、あなたはどのような行動をとられるでしょうか。私は、出会ってきた子どもたち、保護者をはじめさまざまな人々ほぼ全員から、必ずどこかの場面で悩み、迷ったとお聞きしてきました。

やっと入学した学校で、就職した職場で、「あのあたりは怖いところだから」と公然と語られる日常におかれ、「どこに住んでいるの」と、いつ問いかけられるかと思うと「怖かった」と語る子どもたち、「目の前で部落を差別する言動があっても何も反論できなかった」ことをずっと自分の責任として悔やんでいる子どもたちも、いま、このときにいます。

その一方で、「私がその部落やけど、それは差別や」と立ち向かっていった子ども、「ぼくは部落差別をなくすために教員になりたい」と採用試験で宣言した子どももいます。

もちろん、彼女・彼らがいつも語るわけではなく、「いま、この場では」と、時と場合、何より「この人なら」と相手によって選択していることとは、いうまでもありません。「隠す」ことで日々の生活を送ることの辛さ、苦しさ……、「名乗る」ことで起こる反応への怖さ、不安……、その両者をかかえながら生きることを迫られている人々がいるのが、この社会の現実です。ならば、部落であることを「隠す」か「名乗る」かという、そんな選択をしなければならないこの社会こそが、問題なのです。

みずから名乗り、引き受けた人々

明治以降も差別が改善されないまま、それどころか近代的な競争主義と自己責任論、あるいは衛生観念などが広がっていくにつれて、差別が厳しさを増していくなかで、各地の被差別部落の人々が、部落改善運動を起こしていきます。その動きを伝えるため『明治之光』という雑誌も全国に向けて発行され、何人もの人々が実名で主張を展開していきます。

人々は、「差別される立場であること」を隠すのではなく、「みずから名乗って、その不当性を社会に訴えていく」生き方を選択していきました。言い換えれば、差別される存在であることを「引き受けて生きていく」ことを選択されたのです。

その結晶が、一九二二年に発せられた「水平社宣言」でした。「全国に散在する吾《わ》が特殊部落民よ団結せよ」と呼びかけ、「吾々《われわれ》がエタである事を誇り得る時が来たのだ」と述べ、「人の世に熱あれ、人間に光あれ」と結ばれています。

いまあらためて、「差別するために使われてきた賤称語」をみずから用いた水平社宣言の意味と意義を考えることが必要です。

「差別をなくすために」「差別による被害を出さないために」、そして「いま」「ここ」に差別があることを明らかにするために、みずから「差別を受ける立場である」ことを「名乗り、引き受けて生きる」選択をした人々の提起を、「晒す」ことに用いる人、それを閲覧している人の姿は、私には怒りを越えて、おぞましく思えます。

自分たち抜きで決めるな

「名乗るか否か」を選択する権利は、何よりも当事者にしかありません。ですから、同和事業を実施するさいには、各地方自治体は、当該地域の方々に事業の意義目的を伝えたうえで、「地区指定」を受けるかどうかの意思を確認しています。実際に、「地区指定は受けない、事業も必要ない」という選択をされた方々もおられます。「みずから名乗るかどうか」は、本人が決定すること、それどころか、自身の個人情報をどれだけ、どこに公開するかは、本人だけが決定できる権利であることは自明です。障がい者差別をなくすことをめざした国際的な運動にとりくむ人々が大切にされてきた“Nothing About Us Without Us”、「自分たちのことを自分たち抜きで決めるな」という言葉は、すべての人権問題はもちろん、社会におけるもっとも大切な基本的原則なのです。

身元調査の原簿となった戸籍

個人情報を無断で取得する行為は、明治に入って以降、執拗にくり返されてきました。近代化のなかで居住地の移動が自由になり、産業発展にともなって都市部への人口集中が起こってくると、就職や結婚だけでなく、住居を借りることなどにさいしてまで、「身元確認」という言葉での身元調査が多発するようになったといわれています。

とくに、一八九八年、「だれでも手数料を払えば戸籍を見ることができる」とした「戸籍公開制度」が実施されると、これが身元調査に使われることになりました。その原簿となったのが、一八七二年から編成されたいわゆる「壬申戸籍《じんしんこせき》」でした。

すでにその前年の一八七一年に「差別的な呼び方をやめて、身分も職業も同じにする」と命じた「賤民廃止令」といわれる太政官《だじょうかん》布告がだされていたにもかかわらず、この戸籍を見れば、「被差別部落であるか否か」を調べることができたのです。

たとえば、被差別部落だけ別冊にする、あるいは間に白紙を挟《はさ》んで区分された戸籍簿の例が、いくつもの県や地域でありました。また、戸主本人の身分は記されていないものの、「続柄記載」として「旧穢多《えた》」などと明記されている事例が、いくつも発見されています。さらに、従事していた「職業」をあえて記載することや、「氏神《うじがみ》」や「檀那寺《だんなでら》」が記載されることで、被差別部落を特定できることもありました。

戸籍は封印されても

こうした戸籍をもとに、長年にわたって身元調査が行われつづけてきたのです。それは、企業や個人だけではなく、官公庁でも行われていたにもかかわらず、この壬申戸籍の閲覧が制限されるようになったのは、なんと一九六八年でした。「明治一〇〇年」として政府が祝賀気分を盛り上げようとしていたこの年、部落解放運動にとりくむ人たちは、「差別の一〇〇年」として、「戸籍の公開原則」や「保存期間原則」を乗り越えて、壬申戸籍の封印を求めて闘いました。その結果、すべての戸籍簿を法務局が引き取り、厳重に保管する措置がとられました。実に一〇〇年間、身元調査の原簿となった戸籍は、放置されたままだったのです。その後、さらに一九七六年の戸籍法の改正などを通して、ようやく「戸籍の閲覧制限」などが実施されるようになっていきました。

しかし、その間に、どれだけの人たちが就職差別を受けて人生の進路を阻《はば》まれたか、どれだけの人たちが結婚差別を受けて人生を歪められただけでなく、命さえも奪われる事態に追い込まれたのか。ネット上で公然と差別が行われている今日、あらためて私たちは「事実を正しく知る」必要があるのではないでしょうか。

だれも疑問に思わなかった就職差別

二〇一七年三月、「就職差別の質問用心」「本籍地・親の離婚理由……履歴書や面接」との見出しの記事が新聞に掲載されました。大阪府内七七の大学が調査したところ、「履歴書に本籍地、家族構成、家族の職業等の記載欄があった」「面接で家族構成や父母の職業、両親の離婚理由を質問された」というのです。

また、労働組合（連合）の調査では、応募時に戸籍や住民票の提出を求める企業が八・七%、面接で家族の職業や収入を聞いている企業は一二・四%にのぼり、記事は「差別は多くの人が気づかぬまま進行する」という識者の意見を紹介しています。

「まだこんなことをしている企業があるのか」「人権侵害もはなはだしい」と憤り、あきれかえる方もおられるでしょう。しかし、わずか四〇年ほど前までは、「就職差別」そのものが、何ら問題とはされていなかったのです。

義務教育を保障されてやっと

京都で中学卒業生への就職差別が問題として認識されるようになったのは、私が知るかぎり、一九五八年の森紙業、続く一九六〇年の日本繊維工業による就職差別事件でした。世の中では、すでに高校進学が大勢を占め、とくに都市部での進学率は高く、「中卒者は金の卵」といわれ、地方から県外就職として列車に乗り込み、「集団就職」で都市部に働きに出る子どもたちが多数にのぼった時代です。いわば、このころから地域間の格差は拡大していったのでした。

そんなときに、部落の中学卒業生への就職差別が、初めて問題になったのです。なぜなら、一九五一年の「京都市同和地区実態調査」には、一六歳以上では「不就学二三・九%、小学校卒五三・一%」という数値があげられているように、それまで小学校卒業もままならず、貴重な労働力として家計を支えていたのは子どもたちでした。その就労といえば、縁故か日雇いといったことで、中学校を卒業して企業に就職することなど、考えられないことだったからです。言い換えれば、長欠不就学へのとりくみ、教育費補助や学力補充のとりくみによって、部落の子どもたちの教育条件が整い、義務教育である中学を卒業できるようになったことによって、企業が部落の中学卒業生を排除している就職差別の現実が明らかになってきたのでした。

採用拒否を公言する企業

大きく社会問題となったのは、一九六二年の大倉酒造差別事件でした。先にふれたように、当時の高校進学率は七割、中卒で就職するものが三割という時代で、各地域の職業安定所が中卒労働者を確保するために、進路担当などの先生を集めて説明会を開き、学校斡旋《あっせん》による確保を行っていました。

この年の一一月、職業安定所主催による就職説明会が開かれたときのことです。集まった中学校の進路担当や中学三年生の担任の先生方およそ五〇人を前に、企業が、「技能職男子何名」「事務職女子何名」など、採用条件の説明を行っていきました。

説明がひととおり終わったあと、ある学校の先生が「それぞれの会社は、在日朝鮮人の生徒を採用してくれますか」と尋ねました。これは非常に重要な質問で、この当時、生徒たちは学校からの内申書と推薦書を持って各企業へ受験に行き、まず面接試験や筆記試験を受け、それから手続きに入ります。そのころの在日朝鮮人の子どもたちは、ほとんどがいわゆる「通名」しか名乗れずに生活している社会状況がありました。ですから、のちの手続きの段階になって在日朝鮮人だとわかり、合格が取り消される事例がたびたび起こっていたため、この先生は質問したのでした。

たった一人の先生の告発から

これに対して、それぞれの会社が明言を避けるなかで、大倉酒造の担当者は、「第三国人」という差別的言い方で、「いままで、第三国人や部落の人は採用していないし、今後についても採用するつもりはない」と発言したのです。しかし、その場に参加されていた先生方は、だれも何も意見をいわずに終わってしまいました。

ところが、その説明会に参加していた、当時、校区に部落を含む中学校の採用二年目の先生が、学校に戻り、「おかしいのではないか」と校長先生に報告し、ここから闘いがスタートします。

実は、退職されたその先生に、その当時の聞き取りをさせていただいたことがあります。「その前年、部落の子どもたちのなかで進学したのは、六〇人のうちたった一〇人で、三四人の生徒は就職が決まったけれど、残りの一六人は、卒業式の日にもまだ決まっていなかった。隣の学校では、一二月には就職希望の生徒はみな就職先が決まっていた。ところが、私の学校では、部落の子と在日朝鮮人の子どもは就職が決まらないまま卒業式を迎えさせていた。そんななかで、はっきりと採用しないと言われたときに、脳裏に子どもたちの顔が浮かんで、このことが許せないという思いだった」と話してくださいました。

こうして、たった一人の告発から就職差別の闘いが始まりました。

統一応募用紙の闘い

提起された同和教育の課題

たったひとりの先生による告発の翌年、京都市教育委員会は、全国で初めて同和地区中学生の進路実態調査を行います。数多くの就職差別の事象が発覚するとともに、厳しい就労の実態があらためて明らかになっていきましたが、その報告書のまとめで、次のように総括をしています。

「企業の露骨な求人差別は、部落の子供の就職を阻害するひとつの要因であっても、決してそのすべてではない。今日の学校教育において、部落の子供達の基礎学力や社会的適応性といったものが保障されているかどうかという反省をしなければならない」*1

つまり、高校進学率が七割以上に達するなかで、部落の子どもたちは三割に満たないことを問題として、学校に行けないという「機会の均等」だけでなく、「結果の平等」が実現されない学力格差が差別の実態だと受け止め、「学力向上」こそが同和教育の大きな課題であるとしたのです。こうして、子どもたちの学力格差解消のとりくみが、京都だけでなく全国各地で進められるようになりました。

進路実態調査が実施されて以降も、次々と就職差別が発覚しました。なかには、公的機関における差別事象もありました。同時に、差別を受ける子どもたちは、中学生から高校生へと、しだいに変わっていきます。それまで、まともに義務教育さえ受けられなかった子どもたちが、同和教育のとりくみによって、中学校を卒業して高校に進学できるようになると、今度は、高校を卒業する生徒に対する就職差別事件が起こったのです。

差別的社用紙と家庭調査

一九六七年、ある高校から被差別部落出身のA君を含む五人が、日本電池株式会社を学校推薦で受験しました。試験が終わったあと、会社の人事担当者からわざわざ学校に電話があり、A君は内申書も筆記試験も面接も抜群だから必ず採用するという内々定を出したのです。この結果にA君も家族も学校も大喜びでした。ところが、ふたを開けたら、A君を除く四人は採用され、A君だけが不採用になったのです。学校は、校長先生を先頭に会社に抗議しました。すると、人事担当者が「A君が住んでいる地域は浸水しやすく、ガラが悪いため、A君の採用はできない」と答えました。会社は、応募用紙に書かれた住所を訪ねて家庭調査を行い、本人ではなく住んでいる地域によって採用を決めたのです。

では、その応募用紙の質問項目は、どのようなものであったのでしょうか。本籍地や学資支給者を書くことのうえに、たとえば購読している「雑誌や新聞の名称」、「愛読書名とその理由」、「思想」「支持する政党」「信仰する宗教」、親友三人の「学校名・住所」、本人の住居が「自宅・親戚・下宿・アパート・寄宿舎」で、家賃はいくらか、さらに両親の住居は「自家・借家・間借・アパート」で、広さは何間あって何畳かまで書かせます。

また、家族状況欄は一二人分あり、それぞれ「続柄・健否・学歴・職業・月収」まで書かせ、注意書きには、「祖父母（母方も）、父母、兄弟、姉妹、子供全員について記入する」「死亡した者は死亡年月、死亡年齢、死因、生前の職業を記入すること」とされ、「もし採用後事実と相違し、また重要な記入漏れがあったと認められる場合は採用を取り消す」とまで書かれているのです。

いったい、何をもって子どもたちを採用していたのか、怒りを通り越してあきれるばかりですが、本人の資質や能力とまったく関係ないことがらをもって採用が決められたことで、どれだけの子どもたちが夢破れ、悔しい思いをしたのでしょうか。

こうしたことが明らかになり、就職差別撤廃をめざし、差別的な応募用紙をやめさせ、公正な採用をさせようと、統一応募用紙の作成と使用を求めた闘いが進められていきました。

統一応募用紙の制定へ

一九七〇年には、京都府独自の統一用紙がつくられ、七一年には「近畿統一用紙」となり、七三年には文部省・労働省・全国高等学校長協会の協議により「全国高等学校統一応募用紙」がつくられ、全国で使用するように広がっていきました。

現在の統一応募用紙は、きわめてシンプルになっています。たとえば性別欄は、男女のどちらかに○《マル》をつけるものではなく、自分で判断して記入することになっています。何よりも大きいのは、保護者欄がなくなったことです。保護者と姓が異なる子どもたちは数多くいます。保護者欄に施設の所長の名前を書いていた子もいたのです。

いまでは、これに準じて大学生用やＪＩＳ規格の履歴書がつくられています。悔しい思いをした多数の子どもたち、おかしいと声をあげた人々の長い闘いの末に、すべての人々が公平に就職できるための応募用紙がつくられたのです。

差別を商う「部落地名総鑑」

A君の手記

一九六二年から一〇年に及ぶとりくみのなかで、統一応募用紙が制定されるなど、しだいに改善されましたが、差別を受けた当事者の傷は、決してなくなりはしません。一九六七年、日本電池株式会社に差別を受けたA君は、こんな手記を残しています。*2

先生から、そのことをはっきり言われたときは、本当に目の前が真っ暗になったと思った。しかし、わたくしは、さも心が動揺していないかのように、「やっぱりそうですか」とだけしか言えなかった。その日から、わたくしの絶望に満ちた生活がはじまりました。自分の希望する会社へは就職できないと思うと。でも、やはりわたくしは就職しなければなりません。しかし、わたくしがいける会社があるだろうか、家庭環境のうるさくない会社が。わたくしは必死で家庭環境をとやかく言わない会社を探しました。が、どこもかしこも採用条件に家庭調査がありました。企業が大きければ大きいほど重要視されていた。わたくしは、絶望のどん底に落ちました。いくら勉強しても、自分の満足する会社へははいれないと思うと、やりきれなくなってしまいました。そして、両親にあたり散らしたものでした。夏休みの間中、ずっと絶望の毎日でした。わたくしのクラスの人たちが、どんどんきまっていくのをみると、ただうらやましく、腹立たしく思った。

悪いのは就職差別をした企業です。でも、A君は自分の親を恨み、いっしょに勉強していた友だちが就職試験に受かっていくのを見て、うらやましく腹立たしくさえ思いました。部落の子どもたちだけではありません。多くの子どもたちの悔しい思いが、就職差別撤廃の闘いの輪を大きく広げてきたのです。

差別撤廃に逆行する「部落地名総鑑」

しかし、こうした世論の高まりに挑戦するかのように、一九七五年、「部落地名総鑑」が売られていたことが一通の投書によって発覚します。会社に送られてきたダイレクトメールに疑問をもった勇気ある人事担当者が通報したのでした。DMに同封されたチラシには、「戸籍簿の公開制限」が進むなか、「人事調査や考課の一助の資料に」と記され、「一目で分かる部落の所在地、市町村名と旧字名・小字名」をまとめた上製本を一冊四万円で販売するというものでした。

すぐに調査と事実確認が始まります。すると、なんと同様のものが八種類も出回っていることが明らかになってきました。八番目に発覚した「部落地名総鑑」の「序文」には次のように書かれていました。

「就職や結婚に際して、身分差別をすることが、今日大きな社会問題となっていることは、皆さんが十分ご承知のことと存じます。……しかし、大部分の企業や家庭に於いては、永年に亘って培われて来た社風や家風があり、一朝一夕に伝統をくつがえす訳にはまいりません。……採用問題と取組んでおられる人事担当者や、お子さんの結婚問題で心労される家族の方たちには、なかなか厄介な事柄かと存じます。このような悩みを、少しでも解消することが出来ればと、此の度世情に逆行して、本書を作製する事に致しました。」

まさに、差別を煽って利益を得ようとする「差別を商う」ビジネスにほかなりません。

こうしたものが、把握されただけで全国の二二〇の企業、銀行、大学、病院、弁護士、興信所、個人などによって購入されていたのです。京都では八社が買っていました。

一九七六年、この八社に対する確認会が行われ、たくさんの人々に交じって、大学生の私もその場に参加していました。

まず問いただされたのは、「この本を使って、実際に就職差別をした人はいるのかどうか」でした。これは当然のことです。人権問題は何をおいても、まず人権が侵害された人の救済を第一に行わなければなりません。八社は口をそろえて「一切使っていません」と答えました。

「では、何のために買ったのか」と聞かれると、なんと「買っておけば、いつか役に立つときが来るかもしれないと思って買った」と答えたのです。

買ったのは大企業です。当時、社会に出て活躍することをめざして大学で学んでいる被差別部落出身の友人もたくさんいました。私は、解放教育のとりくみのなかで部落の子どもたちが力をつけていることで、大企業にとってこれまで遠い存在であった問題が一気に近づくと思い購入したのではないか、隠されていた差別意識がこの事件で暴かれたのだと思いました。

闘いを継承するのは

一九八九年、法務省は、回収した「部落地名総鑑」六六〇冊を焼却し、約二三〇人の発行者や購入者に勧告をだし、「今後、差別撤廃に取り組む」とした「終結宣言」をだしました。しかし、ほんとうにこの事件は解決したといえるのでしょうか。

それから約三〇年、A君と同様の悔しい思いをしている子どもたちはいないでしょうか。新聞報道にあるように、この間も就職での差別はくり返されてきました。それどころか、何万円もする本を買わなくても、インターネットで調べれば情報はいくらでも集めることができます。出自を暴く身元調査がいくらでもできる社会になってしまいました。

そんな状況を野放しにしておいて、子どもたちの人権を守ることができるのでしょうか。「一部の者がやっていること」「いけないことだと思うけど……」、私たちの人権感覚が劣化していけば、それは、子どもたちの人権状況の危機につながります。たったひとりの教員、たったひとりの担当者の告発から闘いが広がったことをふり返れば、その闘いに続くのは私であり、あなたなのではないでしょうか。

「部落差別解消推進法」と私たち

「現在もなお部落差別が存在するとともに、情報化の進展に伴って部落差別に関する状況の変化が生じている」として、「部落差別のない社会を実現すること」を目的に「部落差別の解消の推進に関する法律」(「部落差別解消推進法」)が、二〇一六年一二月に制定されました。「部落差別解消」の名称ながら、差別による被害からの救済も、差別行為の禁止も規定されていないわずか六条の法律です。しかし、二〇〇二年に同和対策事業に関する特別措置法が終結して一五年を経たいま、なぜこの法律が制定されたのでしょうか。まずはそこから考えることが、この法律に実効性をもたせ、部落差別解消という目的を達成するための出発点ではないでしょうか。

なぜいま法が必要なのか

そもそも同和対策事業は、戦前からの水平社運動を受け継いだ人々の訴えによって、一九六五年の「同和対策審議会答申」で部落問題の解決が国や地方公共団体の責務とされて、ようやく始まりました。この答申のもと、「環境改善」「社会福祉」「産業・職業」「教育」「人権擁護」の大きく五つの分野で差別の解消をめざして、特別措置法が制定されました。しかし、根深い差別は時限を切ってのとりくみで解決するわけもなく、法は、しだいに事業内容を削減しつつ延長され、三三年間続けられて、そして、「おおよそ環境改善は終わった。残るは教育や啓発を一般施策で……」として、二〇〇二年に打ち切られたのでした。

しかし、たんなる財政的な特別措置法が終結しただけにもかかわらず、「もう同和地区に対する行政施策は必要ない」といった動きが一気に進められたことは否めません。

また、法打ち切りと呼応するかのように、二〇〇二年には、一部の運動幹部の「不祥事」をことさらとりあげ、「同和利権」なる造語を用いたキャンペーンが行われました。大手マスコミもそれに追随し、あたかも「被差別部落の人々」すべてがそうした行為をしているかのような報道があふれました。それらがメディアを通し社会に広がっていくと、従来からの偏見と容易に結びついて「信じ込み」、被差別部落出身者個人に、差別脅迫はがきが連続して大量に送り付けられる事件や、殺意を込めた落書きや張り紙など、確信的、攻撃的に差別を煽る行為が、全国で頻発しました。

ついには、大手出版社の週刊誌までもが、著名人の「出自暴き記事」を相次いで掲載する事態まで起きました。しかも、掲載号の即日完売という状況は、社会の多くの人々の意識の有り様をしめすとともに、「良識ある」といわれていた週刊誌の編著者の「売るためなら人権などどうでもいい」という姿勢が露呈したできごとでした。

また、被差別部落の土地売買をめぐっての調査事件や、長年のとりくみのなかで公開が制限されてきた戸籍謄本を行政書士などが不正に取得し、売買して、何億ものお金を荒稼ぎしていた事件（プライム事件）なども相次ぎ、これまでの同和行政や同和教育の蓄積をすべて覆《くつがえ》すだけでなく、むしろ「法失効」によってタガが外れたかのように差別行為が行われるようになったといえます。

実行されたヘイトクライム

二一世紀は「人権の世紀」といわれていたのに、近年、あからさまな差別、生命を脅かすような攻撃的な差別、それらが公然と行われるようになったのはなぜでしょう。見渡せば、それは部落差別だけに限ったことではありません。

長年のとりくみによって、「不当な差別を禁止」し「合理的配慮」を法的に定めた「障害者差別解消法」が二〇一三年に成立し、二〇一六年四月に施行されました。

しかし、法の施行直後の七月、相模原市の「障がい者施設」で一九人が刺殺され、二七人が重軽傷を負うという衝撃的な事件が起きました。加害者は、「障がい者は不幸をつくることしかできない」との考えをもって、「日本国と世界のため行動に移した」と述べていたといわれています。「民族浄化」や「優生《ゆうせい》思想」という言葉では語り尽くせぬほどの恐ろしい考えにもとづき、凄惨な事件を引き起こす人物が、いま私たちと同時代に生きているということに、とてつもない恐怖を感じました。

しかし、それ以上に、「よくやった」「障がい者の幸せのためだ」など、読むに耐えない言葉で彼に賛同する声がネット上で数多く飛び交った事実が、私たちの恐怖を底知れぬものにします。

一方、警察やマスコミは被害者の名前を公表しない方針を採りました。被害者の家族からも、「日本では、すべての命はその存在だけで価値があるという考え方が当たり前ではなく、優生思想が根強いため」と、公表しない理由が述べられたといわれます。生きる権利を奪われ、虐殺されたにもかかわらず、「障がい者」という一点で、社会に存在していたことさえなかったことにされる（実存としての殺人）。それが私たちが生きるこの社会の現実であることをまざまざと見せつけられました。

非難され排除される人々

差別の矢を向けられているのは、障がい者、在日コリアン、被差別部落といったマイノリティだけではありません。沖縄の米軍基地建設に反対する人々を制圧するために動員された機動隊員による「土人」発言もありました。

いうまでもなくこの言葉は「未開地域で原始的な生活をしている住民を侮蔑する語」であり、沖縄の人々への差別であることは明白です。しかも、この「沖縄土人」という言葉は、以前からネット上で「福島土人」と並んで使われていたことも、一部のメディアが明らかにしました。この言葉もまた、福島原発事故によって土地を追われてから、わずかな交付金や補償金を支給されて生活することを余儀なくされている人々や、多大な被害を受けた責任を追及し原発の廃炉を求めて闘っている人たちなど、「政府に逆らう人々」を差別して使用されているのです。

また、さまざまな事情で収入を確保できないために生活保護を受給されている人々に対し、「贅沢《ぜいたく》している」とことさらとりあげ、「収入が少ないのは自己責任だ」として、「不公平だ」「税金の無駄遣い」などという悪罵が投げつけられる状況もあります。憲法二五条に定められた「健康で文化的な最低限度の生活を営む権利」を保障される、ただそれだけのことが許されないと考える人々がいるのです。

二〇〇〇年以降、いつのまにか広がってきた社会的弱者やマイノリティに対する「非寛容」で差別的な動きは、残念ながらこの国だけではありません。

新自由主義と新たな差別の拡大

「自国ファースト」を掲げてむき出しの差別的言動をする人物が、大統領に選ばれるなど、世界各地で「移民排斥」や「民族差別」の動きが急速に拡大していることが報道されています。しかし、これらは一九八〇年代から世の中を支配しだした「新自由主義」の当然の帰結ではないでしょうか。

本来、近代社会（資本主義）は、「自由競争」を基本理念とするものです。そのスローガンである「自由」も「平等」も、封建的な支配や身分から人々を自由にし平等にしたことは革命的ですが、それはあくまでも「金」のもとでであり、その前でのみ、人は自由であり平等なのです。ところが、競争は必ず「勝者」と「敗者」を生み出しつづけます。その「敗者」も生き抜いて再びチャレンジすることができるように、フランス革命では、もうひとつのスローガン「博愛」が掲げられたのです。

この国でも、戦後高度経済成長のころには、敗者は「社会的弱者」であり、そのままにしておくわけにはいかないと、さまざまな社会福祉政策が実施されました。先に述べた福祉対策や教育施策、同和対策事業もその例であり、「都市だけでなく地方も豊かにならなければ」と進められた「日本列島改造論」もそうだといえます。人々は、「勝者は富を分配して、みんなで豊かになる」ことを是認してきました。

しかし、経済が低迷しだすと、「政府による個人や市場への介入は最低限にし、市場の自由な競争にまかせるべき」とする「新自由主義」が大きく広がってきました。

就職も昇級も成功もすべて競争の結果であり「自己責任」とされる社会で、もはや敗者は「弱者」ではなく、「負けたのだから仕方ない」となり、そして「そんな人に予算を組む必要はない」となっていきます。さらにそれを正当化するために、これまでの差別意識を利用して、「敗者になるのはもともと劣っているからだ」と、声高に叫ぶようになります。吹き荒れた「同和利権」や「在日特権」なる造語がそうであったし、「生活保護受給者」に対するバッシングも同様です。

そうしたことを意図的に流すのは一部の人たちかもしれません。しかし「われわれの権利が彼らに奪われている」という言説が受け入れられていくのは、どうしてでしょうか。そこには、「権利はみんなで拡大していこう」「よいものはみんなに広げていこう」と考えるのではなく、「彼らが権利を行使したら、自分の権利がなくなる」とする考え方があります。こうした、権利は限られたものであり、その範囲のなかで取り合うものとする考えが広がってきた背景には何があるのでしょうか。

私が中高校生時代は、学生運動の影響も受けて、学校内での生徒会活動、自主活動がさかんに行われていました。「全校討論集会」が開かれ、「生徒総会」での決議をもとに、たとえば「校則の改正」や「制服の廃止」、時には「ＰＴＡ会費の不正使用」をめぐって学校側を追及するということもありました。その経験を通し私たちは、「自分たちで学校を変えられる」「社会を動かせる」と実感し、それがその後の生き方、考え方にもつながっていきました。

しかし、その後の教育は、教科や道徳の学習内容だけではなく、本来、生徒の自主性や主体性、集団活動、そして実践力を養うはずの「特別活動」（生徒会活動、学級活動、学校行事など）も形骸化させてきました。三無主義といわれる「無気力」「無関心」「無感動」な子どもたちをつくりだし、「政治への無関心」から「保守化」「右傾化」を醸成し、そしていまや、「強大な権力」と向き合うのではなく、マイノリティをバッシングすることでフラストレーションを発散し、ひいては「差別扇動」を支持するような人々を生み出したのも、教育の責任だと痛感しています。

どんな状況にあっても、みずからの力で、他者とつながって、この社会を変えていこうとする主体性を育むのが本来の教育であるはずでした。「教員として四〇年間、何をしてきたのか」との思いが、本書を執筆する動機にもなっています。

「部落差別解消推進法」を受けて

こうした思いは、おそらくたくさんの人々が感じておられるでしょう。「差別を許すのか否か」のせめぎ合いを乗り越えた人々の努力が、二〇一五年以降、差別を解消するための法律制定を促してきました。当事者も参加して進められた「障害者差別解消法」、差別扇動に体を張って抗議してきた人々の闘いがあって成立した「ヘイトスピーチ解消法」、そして、人権侵害救済法や部落解放基本法の制定を求める長い運動の積み上げのなかで、今回の「部落差別解消推進法」が制定されたことはまちがいありません。

もちろん、この法律は、差別行為に対する「罰則規定」も、差別による被害からの「救済」も、具体的な「予算措置」も明記されていないたった六条の理念法です。しかし、「現在もなお部落差別が存在する」と明言したことは、たいへん大きな意味をもっています。二〇〇二年の特別措置法の失効という事態を部落差別が解消したかのようにとらえたり、また意図的にそう喧伝《けんでん》したりする動きがありました。ともすると「部落差別があるのかないのか」というところから論議しなければならない状況もあったなかで、部落差別の存在は否定できない現実であると明言されたのですから、その意義はたいへん大きいものです。

さらに、「部落差別の解消」は国の責務であり、地方公共団体の努めであるとしたこと、そして、「相談体制の充実」「教育・啓発」「部落差別の実態調査」にとりくむことを定めています。では、とりわけ学校教育においては、いま何が求められるのでしょうか。

すべての学校で部落問題学習を

解消法の第五条であげられている「教育及び啓発」は、いうまでもなく学校教育に直接かけられた課題です。これまで、「すべての子どもたちに部落問題に対する正しい認識を保障すること」が、同和教育の中心的な柱のひとつとして長年にわたり実践されてきました。

しかし、近年、そのとりくみが曖昧にされたり、従前のとりくみをただこなすだけのおざなりになったりしてきてはいないでしょうか。

かつては、部落に対する偏見や差別意識は「家族や身近な人」から教えられることがありました。しかし、解消法でも「部落差別に関する状況の変化」と指摘されたように、いまや子どもたちはネットを通して情報を入手しています。大人たちが知らないうちに差別的情報にふれる機会がありますし、それは身近に被差別部落があるかどうかということと関係しないのです。いわば「部落問題を教えないことは差別に荷担すること」といっても過言ではありません。

とくに、これまでの同和対策の特別措置法は、被差別部落のなかの実態を改善することに重きを置いていました。もちろん、それはいまもなお重要なことですが、今回の解消法は、被差別部落外の「差別する側」に対するとりくみを求めています。差別は「差別する側の問題」なのですから当然です。したがって、「校区に部落を含まない学校」こそが、よりいっそう教育にとりくむことが必要なのです。と同時に、いまや「校区に部落を含まない学校」はあったとしても、「部落にルーツをもつ子どもがいない学校」などありません。本人や家族が知らなくても、いつどんなかたちで「暴かれる」かわからない状況にあるのです。なぜなら、差別しようと思えばいくらでもできる社会なのですから……。

だからこそ、学校教育の課題は「教えること」だけではありません。学習を進めるには、子どもたちに部落差別がどのように現れているのか、背景にある日々の生活や生い立ち、それぞれの家庭がおかれている社会的条件をしっかりと把握する第六条の「実態調査」が欠かせませんし、ひとりひとりの子どもたちの思いや悩み、「しんどいこと」を受け止め、解決の方向をともに見いだすための第四条の「相談体制」も必須です。

まさに、これらは長年、同和教育実践のなかで築き上げられてきたとりくみです。同様に、かつて「にんげん実践」として展開されたとりくみも、いま各地で小中一貫した人権学習カリキュラムや部落問題学習プログラムを作成し実践しようという動きとして広がるなど、解消法を契機に教職員のみなさんが同和教育実践の再構築を進められています。

残念ながら、差別による加害と被害が多発する状況を生み出してしまったのは、私たち教育に携わる者の責任です。ならば、「差別の被害者も加害者も出さない」という信念と覚悟のもと、もう一度、「すべての学校で同和教育を」と、あらためて呼びかけたいと思います。

＊1　『中学卒業生の進路実態』京都市教育委員会、一九六三年　七頁
＊2　鈴木集蔵『高校生は発言する』エール出版社、一九六九年　二一三頁

あとがきにかえて

教職四〇年を終えて

最後の卒業式

二〇一八年三月二〇日は大学の卒業式でした。教職課程を履修した学生たちは、卒業証書とともに教員免許状を受け取ります。毎年、その大切な授与役を私が担当してきました。

ところが、この年は式の直後に「先生、舞台に上がってください。ぼくたちから卒業証書を渡したい」と声をかけられたのです。戸惑うまま、学生たちや教職員のみなさんに促されて壇上に上がると、彼らに取り囲まれて、「卒業証書」を授与されました。

「四〇年間の永きにわたり……」「いつも私たちを支え、私たちに寄り添い……」「教育や人権について学ぶことができ……先生の最後の生徒となれて、私たちは本当に幸せでした」、読

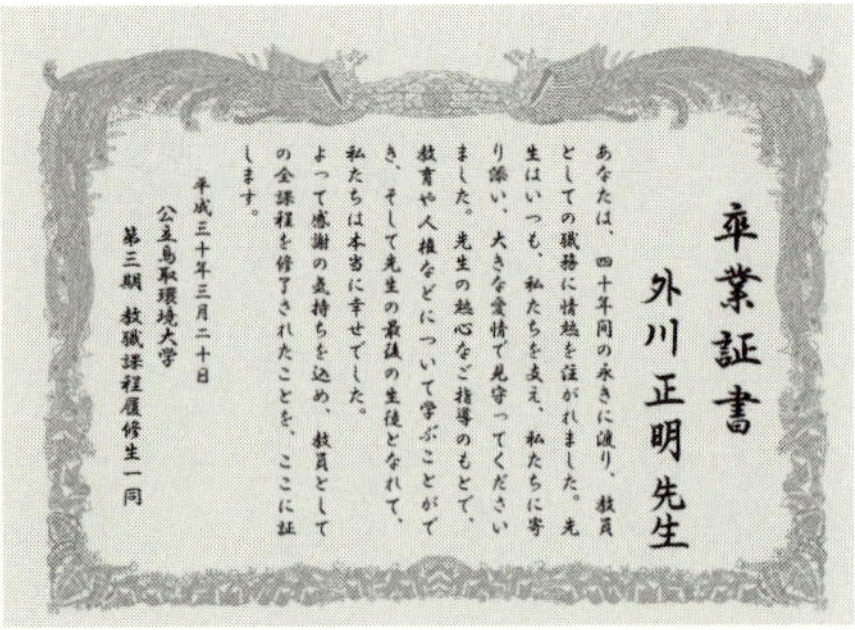
卒業証書
外川正明 先生
あなたは、四十年間の永きに渡り、教員としての職務に情熱を注がれました。先生はいつも、私たちを支え、私たちに寄り添い、大きな愛情で見守ってくださいました。先生の熱心なご指導のもとで、教育や人権などについて学ぶことができ、そして先生の最後の生徒となれて、私たちは本当に幸せでした。よって感謝の気持ちを込め、教員としての全課程を修了されたことを、ここに証します。
平成三十年三月二十日
公立鳥取環境大学
第三期 教職課程履修生一同

み上げられる言葉ひとつひとつに胸の奥からこみ上げてきます。それをぐっとこらえて深々と礼をし、この「卒業証書」を受け取りました。これまで教育委員会や大学などからもらったものとは比べられない最高の証書をもらって、私の最後の卒業式は終わりました。

この年の三月、定年までの年数はまだまだ残っていましたが、大学教員の職を辞しました。一九七八年に小学校教員となって教壇に立ってから、ちょうど四〇年目の決断でした。

その理由はいくつかあります。子どもの権利条約にある「子どもの最善の利益」のもとに教育はあるべきなのに、教員や大人のエゴ、組織の利益が優先される。そして、それを止めることができない自分の非力さ、情けなさにほとほと疲れ切っていたこと……など。

でも、それらの思いを一気に後押ししたのは思いがけない発病でした。前期の授業も終わり、翌週からの試験や講習などもろもろの準備を何とか整えた矢先の、突然のことでした。

突然の発症

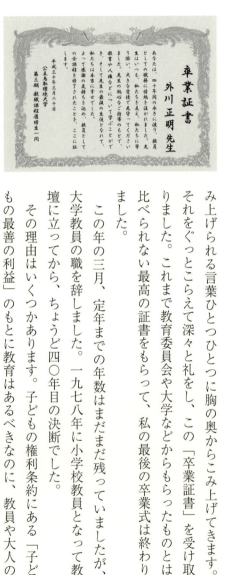

七月末の夕刻、打ち合わせ中に突然よろめいて倒れました。起き上がろうにも真っすぐ立てず、呂律《ろれつ》も回らず何を話しているのか自分でもわからないのに、それでも「大丈夫、大丈夫」とかたくなに言い張る私を、その場に居合わせた友人が強引に医者に連れていってくださいました。

脳神経外科に着くと、すぐさまMRIとCTの検査。「左頭部に直径二センチほど血腫があり、脳出血です。すぐに入院手続きをしてください」と医者にいわれ、そのまま車いすで病室へ、大量の点滴をして一晩、過ごすこととなりました。

翌朝、再びCTを撮って診察。「運動部位から一センチずれたところで、幸い出血も止まっています。壊れた脳細胞は再生しませんが、ほかの細胞が代わりをするようになるので、リハビリにとりくみましょう」と医者にいわれ、その日の午後からさっそく、リハビリに……。こうして、私の入院とリハビリの生活が始まりました。

当初は、まったく歩けない、右手も動かせない、言葉がうまく発せられず動かない口がもどかしい、そんな状態でした。やっと歩き出しても、右側の柱や壁に右肩をぶつけてばかり、左脳が傷ついたため右側の距離感が認識できなくなっていたのです。スプーンを使って食事をしようとしても、ぼろぼろとこぼしてばかりで、こんなこともできなくなっているのかと思うと、もどかしく情けなく、同時にそんな自分にいらだって、自分を受け入れることができません。大きな顔をして「人権教育」を語ってきた人間がこんな有様でした。突然、「いままでできていたことができない」「人が当たり前にできることが同じようにできない」、そんな悔しさで、自分を認められなくなってしまったのです。

リハビリの日々に学び直したこと

一日三時間、リハビリの日々が始まりました。まず「言語療法」。大きく口や舌を動かす体操から、発声練習、療法士の方が私の苦手な音を見つけ出してくださって、読んだり語ったりするのですが、もともと「話すことが職業」だった私にとっては、「あれ、なんかおかしい」「口が回らない」と、以前と違うことをあらためて突きつけられる一時間でした。

病室に帰ってしばらく休むと、次は「理学療法」。ストレッチから始まり、基本的な動作や運動の回復に向けて療法士の方が丁寧にずっと付き合ってくださいます。ふだんからデスクワークが多く、運動不足で、凝り固まっている身体がさらに硬直しているように感じます。

そして、「作業療法」がもう一時間。これが、もっとも辛いものでした。最初は、手を広げたり握ったり、指を曲げたり伸ばしたり、療法士さんが目の前に出された指先に自分の指を合わせようとします。ところが、それさえも右手はいうことを聞かず、指は空を泳いで、合わせることができないのです。集中力も途切れ、すぐに疲れてしまいます。

一〇センチもある積み木さえ重ねて載せることができません。大きなボールさえも思うところに投げられません。まして、文字を書くことなどとんでもないことで、指が思うように動かず、文字になんてなりません。いらいらし、すぐに嫌になって投げ出してしまいます。

そんな自分に、ふと思い当たることがありました。これまで出会ってきた子どもたちです。うまくカードが並べられなくて、「もう！」といって両手で払いのけてしまった子どもも、指先をうまく回せず「あ」や「ね」の文字が書けなくて、プリントをぐちゃぐちゃにしてしまった子ども、次々と求められることに我慢できず「いや！」といって教室を飛び出していった子ども……。自分がいま脳出血で失った機能を取り戻そうとしているように、原因は違っても、子どもたちはみんな「発達の過程」「成長の過程」でがんばっていた、それを本当にわかっていたのかと、あらためて小学校教員として過ごした自分を省みることになりました。

また会うことがないように

投げられなかった大きなボールは、やがてバレーボールになり、テニスボールになりと、リハビリの効果でしだいに小さくなっていきました。最後には、「卓球をやってみましょうか」と療法士さんに勧められて、ラケットを手にしました。ところが、右手のバックハンドで左側は打ち返せるのに、右側をフォアハンドで打ち返そうとすると、球から二〇センチも上を大きく空振りです。やっと回復してきたと思っていたのにと、またまた落ち込みました。

でも、とんでもないところに打ち返した球を療法士さんは、何度も何度も笑顔で拾いに行ってくださいます。そして、たまにうまく返せると「すごい、すごい」と褒めてくださいます。大きなボールを投げていたときも、なかなか歩けなかったときも、うまく話せなかったときも、いつもすべての療法士さんがそうでした。できないときは、「少しずつね」「焦らないでね」と励ましてくださり、できたときは、「やった、やった」「昨日よりずっとよくなりましたね」と喜んでくださり、もどかしい私にずっと付き合ってくださいました。

そして八月のお盆、病院は休診ですが、リハビリは続きます。「休みはないのですか」と聞く私に「お盆も正月もやりますよ。リハビリは一日休むと三日分戻ってしまいますからね」と答えられました。私の出血を止めてくださった医者にも感謝していますが、でも、それは症状の進行を止めるだけ。機能しなくなった私がもとに戻れるようにずっと付き合ってくださるのは、まぎれもなく療法士さんです。なのに、この給与や勤務条件などの待遇の差はなぜと、そんなことも考えるようになりました。

約一カ月が経ち、「あとは自宅で」と退院することになりました。退院手続きのあとで、リハビリ室にあいさつと、もう一度だけ卓球をしに行きました。負けず嫌いの私の要望を受け止めてくださった療法士さんと卓球をしましたが、最後までラケットは空を切りました。

「焦らず少しずつね」とおっしゃる療法士さんに「お世話になりました。また……」とあいさつすると、「私たちに『また』はないほうがいいですね。どうか健康に気をつけて、ここに来ることがないようにしてくださいね」との言葉に、こみ上げてくるものがありました。

私の命はこうして救われ、教職四〇年にして学び直したことがたくさんありました。

もどかしい日々の生活

あっという間に九月が過ぎ、後期の授業が始まりました。医者からは「半年は休んで、しっかりリハビリを」といわれましたが、地方の小さな大学では、急に教員が交代できるはずもありません。まして、教職課程の授業担当者については、文科省の教員審査があります。総合科目の大人数の授業は、今年度は不開講としてもらって、卒業や教員免許取得に必修の科目については、授業を担当することにしました。こういうと、何か学生のために自己を犠牲にしてと聞こえますが、決してそうではありません。私自身が学生たちと離れたくなかった、学生たちといっしょに卒業しようと決めたからでした。

大学に戻ったものの、これまでのようにはいきません。午前中は何とか過ごしても、夕方には疲れて動けなくなる。授業でも、スムーズに口を動かせず、思うように言葉が出ません。焦れば焦るほど話せなくなってしまいます。右手の指先の違和感、文字を少し書くだけで疲れる、パソコンのキーも同じ打ち間違いを何度もする。それでまたいらいらするのでした。何より、腕が上がらず力が入らないために、板書ができなくなっていました。

それでも学生たちは、けんめいに私の話を聞き取ってくれ、教材の入ったバスケットを運んでくれたり、私に代わって板書してくれたりと支えてくれました。

でも、学生に全力で向き合えなくなったからには、「もうここまで」と決断をしました。もちろん、こんな思いを記すと、「身体を壊したら教員はできないのか」「結局、投げ出したのでは」「いい格好して」など、さまざまな批判があることは十分承知しています。そのとおりで、私のなかで四〇年間、張り詰めていたものがプツンと切れたのです。こうして三月二〇日、卒業式を迎えました。

最初に担任した教え子に囲まれて

退職した途端に、新採で初めて担任した教え子が集まりをつくってくれました。急な企画で一〇人ほどの集まりになりましたが、もう五〇歳にもなる「子どもたち」が、あっという間に小学生に戻り、とびきりの楽しい時間を過ごしました。そして、ここでもサプライズで縦横六〇センチもある記念品をもらったのです。

「感謝」と大書された額には、私の名前をたどったメッセージが書かれています。「ともだちだった先生」「がんばることは輝くことといってくれた先生」「わたしたちにこどもであることが大切だと言ってくれた先生」、すてきな言葉が続きます。なかでも「さべつはダメと叱ってくれた先生」というフレーズには、つたない教員だったのに思いは受け止めてくれていたのだと感激しました。

　こうしていま私の部屋には、最初の教え子と最後の教え子からもらった二枚の宝物が飾られています。四〇年、数え切れない失敗をし、数え切れない迷惑をかけてきたけれど、芯にすえたものはブレずに来れた、残りの人生も裏切らずにと決意させてくれる宝物です。

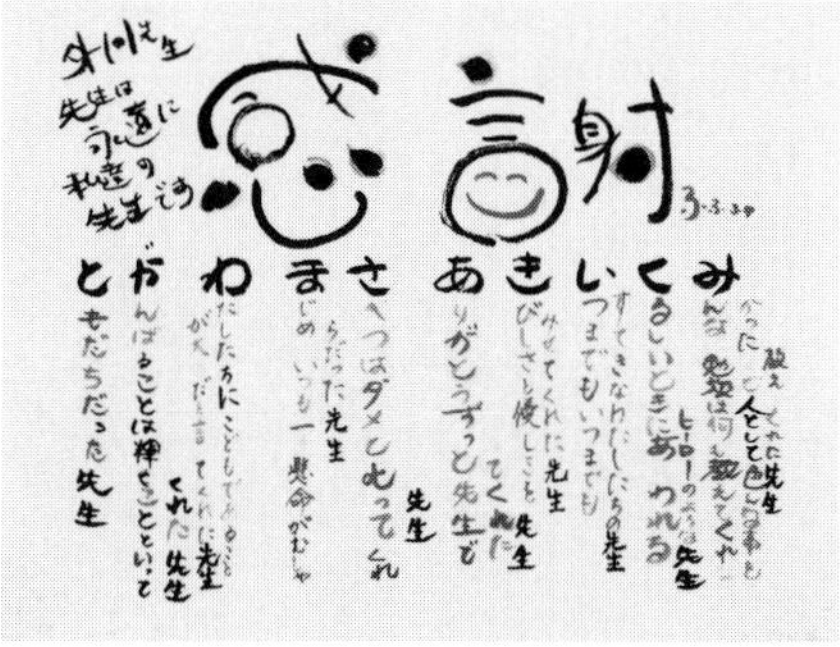

　七年以上八〇回にわたり、つたない思いを著す機会を与えてくださった横浜国際人権センターのみなさん、そして本書の刊行を勧めてくださった解放出版社のみなさん、ありがとうございました。権力者による嘘《うそ》が平然とまかり通る世の中で、いったいだれのための教育なのかと問わなければならない事態が起こっています。それでも改悪によって教育基本法から削り取られた「教育の力」を取り戻し、格差と不平等を打ち破ろうと最前線で子どもたちのためにふんばっておられるみなさんがおら

れます。そんなみなさんの後方支援者として、あともう少し私もふんばりたいと思っています。ともに子どもたちの未来を保障するために……。

外川 正明（とがわ まさあき）

プロフィール
京都市生まれ。京都市の小学校教員として同和教育に取り組み、京都市総合教育センター、京都教育大学、公立鳥取環境大学に勤務。現在、京都教育大学ならびに公立鳥取環境大学の名誉教授、世界人権問題研究センター登録研究員など。

主な著書
『部落史に学ぶ―新たな見方・考え方にたった学習の展開―』解放出版社 2001
『教育不平等―同和教育から問う「教育改革」―』解放出版社 2002
『部落史に学ぶ２―歴史と出会い未来を語る多様な学習プラン―』解放出版社 2006
『元気のもとはつながる仲間―解放教育の再生をめざして―』解放出版社 2009
共著『人権教育総合年表』明石書店 2013　他

DVD作品
『虎ハ眠ラズ』共同プロデュース　フルーク映像 2011
『シリーズ映像でみる人権の歴史』第１巻～第８巻　共同企画監修
東映株式会社 2014～2019

格差と不平等を乗り越える **教育事始**

2019年７月10日　初版第１刷発行

著者　外川正明

発行　株式会社 解放出版社
大阪市港区波除4-1-37 ＨＲＣビル３階 〒552-0001
電話 06-6581-8542　FAX 06-6581-8552
東京事務所
東京都文京区本郷1-28-36　鳳明ビル102Ａ 〒113-0033
電話 03-5213-4771　FAX 03-5213-4777
郵便振替 00900-4-75417　HP http://www.kaihou-s.com/

印刷　モリモト印刷株式会社

ISBN978-4-7592-2040-7　NDC375.1　242P　19cm

障害などの理由で印刷媒体による本書のご利用が困難な方へ

本書の内容を、点訳データ、音読データ、拡大写本データなどに複製することを認めます。ただし、営利を目的とする場合は、このかぎりではありません。

また、本書をご購入いただいた方のうち、障害などのために本書を読めない方に、テキストデータを提供いたします。

ご希望の方は、下記のテキストデータ引換券（コピー不可）を同封し、住所、氏名、メールアドレス、電話番号をご記入のうえ、下記までお申し込みください。メールの添付ファイルでテキストデータを送ります。

なお、データはテキストのみで、写真などは含まれません。

第三者への貸与、配信、ネット上での公開などは著作権法で禁止されていますのでご留意をお願いいたします。

あて先

〒552-0001 大阪市港区波除4-1-37 HRCビル3F 解放出版社
『教育事始』テキストデータ係

テキストデータ引換券
『教育事始』
2040